DES

CONSPIRATIONS

ET DE

LA JUSTICE POLITIQUE.

OUVRAGES DU MÊME AUTEUR.

DU GOUVERNEMENT DE LA FRANCE ET DU MINISTÈRE ACTUEL, 4ᵉ. édition, augmentée d'un Avant-propos et d'une Note sur les révolution d'Espagne, de Naples et de Portugal.

1 vol. in-8°. Prix : 5 f., et 6 f. 50 c. par la poste.

Le supplément aux DEUX PREMIÈRES ÉDITIONS de cet ouvrage, composé d'un AVANT-PROPOS ET DE NOTES SUR LES RÉVOLUTIONS D'ESPAGNE, DE NAPLES ET DE PORTUGAL, forme près de 5 feuilles d'impression ; il est imprimé de manière à pouvoir être relié avec l'ouvrage et est indispensable aux personnes qui ont acheté les deux premières éditions : il a été imprimé à part dans le seul but de ne pas leur faire regretter l'empressement qu'ils ont mis à se procurer cet important ouvrage.

Il se vend séparément, 1 fr. 50 c., et 1 fr. 75 c. par la poste.

DISCOURS D'OUVERTURE prononcé le jour de l'ouverture du cours d'histoire moderne. Par F. GUIZOT.

2ᵉ. ÉDITION. Brochure in-8°. Prix : 1 fr., et 1 f. 25 c. par la poste.

ÉPITRES ET POÉSIES, suivies du POÉME DE PARGA. Par M. VIENNET.

1 vol. in-8°., papier fin satiné. Prix : 4 fr. et 4 fr. 60 c. par la poste.

Ces poésies, où l'on trouve à la fois l'assemblage d'un beau talent et des plus nobles sentimens, obtiennent le plus brillant succès.

(Voyez le *Constitutionnel* et le *Courrier* des premiers jours de janvier.)

IMPRIMERIE DE FAIN, PLACE DE L'ODÉON.

DES

CONSPIRATIONS

ET DE

LA JUSTICE POLITIQUE,

Par F. GUIZOT.

Ne dites point, *conjuration*, toutes les
fois que ce peuple dit, *conjuration*.
(Esaïe, chap. 8, vers. 12.)

PARIS,

A LA LIBRAIRIE FRANÇAISE DE LADVOCAT,

ÉDITEUR DES FASTES DE LA GLOIRE,

PALAIS-ROYAL, GALERIE DE BOIS, N°. 195.

M. DCCC. XXI.

PRÉFACE.

J'AVAIS commencé cet écrit pendant
le procès des troubles du mois de juin.
Avant qu'il fût terminé, un nouvel
attentat est venu alarmer le trône et
la France. Je n'y vois qu'un nouveau
motif de le publier.

En 1800, au théâtre de Drury-Lane,
James Hadfield tira un coup de pisto-
let sur le roi George III. M. Erskine,
chargé par la cour de la défense de l'accusé, parla en ces termes :

« Messieurs, je reconnais avec M. l'a-
vocat-général que si, dans le même
théâtre, le prévenu eût tiré le même
coup sur le plus obscur des hommes
assis dans cette enceinte, il aurait été
conduit sur-le-champ, d'abord en ju-

gement, et, s'il eût été déclaré coupable, au supplice. Il n'eût eu connaissance des charges dressées contre lui que par la lecture même de l'acte d'accusation. Il serait demeuré étranger aux noms, à l'existence même des hommes appelés soit à prononcer sur son sort, soit à rendre témoignage contre lui. Mais, prévenu d'une attaque meurtrière contre la personne du roi, la loi le couvre tout entier de son armure. Les propres juges du roi lui ont donné un conseil, non de leur choix, mais du sien. Il a reçu une copie de l'acte d'accusation dix jours avant le débat. Il a connu les noms, les qualités, la demeure de tous les jurés désignés devant la cour; il a pu exercer, dans sa plus grande étendue, le privilége des récusations péremptoires. Il a joui de la même faveur à l'égard des témoins qui déposent contre lui..... La loi a fait plus encore; elle a voulu qu'un intervalle solennel séparât le jugement du crime : quel plus sublime spectacle que celui d'une nation entière légalement déclarée, pour quelque temps, incapable de rendre la justice, et cette quarantaine de quinze jours prescrite avant le débat, de peur que l'esprit des hommes ne se laissât saisir de prévention et de partialité (1)! »

Spectacle sublime en effet, car la loi qui le donne ne cherche que la justice et ne consulte que la vérité. Elle sait la nature humaine et veut la sauver de ses plus excusables erreurs. Plus le crime est horrible, plus il touche de près aux débats dont la société est agitée; plus il offense ses plus précieux intérêts et ses sentimens les plus chers, plus son châtiment est juste et nécessaire, plus il faut craindre l'influence des passions et l'ardeur des premières

(1) *Speeches of* Lord Erskine ; Londres 1812.

pensées. La loi ne doit point de complaisance à l'impatience des hommes, même légitime. Son devoir est de s'en défendre, non de la servir. Une telle jurisprudence ne protége pas seulement les accusés; elle assure les trônes et l'ordre public mieux que toutes les tyrannies.

Par les mêmes causes, c'est surtout dans les temps de fermentation politique que la justice doit se montrer plus difficile et plus attentive. La tentation de l'envahir est si forte et le péril si grand! Quand la guerre est entre les partis, les partis travaillent à porter partout la guerre; ils souffrent avec un dépit profond que la paix demeure quelque part, que tout ne leur soit pas appui ou instrument. Que deviendra la société si elle leur ouvre toutes ses institutions, leur livre toutes ses garanties?

Il est mal aisé, je le sais, de résister

à cette pente. C'est une raison de plus
de s'y roidir. Quand le mal est là, nous
acceptons trop docilement ses conséquences. Parce qu'elles sont naturelles,
on dirait que nous les trouvons légitimes. Triste effet des révolutions et
du découragement où elles jettent les
esprits! Il amène cet autre mal, qu'a-
près n'avoir pas résisté, on se soulève,
et que, n'ayant pas su repousser énergiquement l'injustice, on s'en autorise
pour être injuste à son tour. Qui sait
user de tout son droit s'épargne la nécessité de dépasser son devoir.

Loin de nous donc cette pusillanime
résignation au mal et à ses dangers! Si
la justice est menacée, il faut dire ce qui
la menace. Si quelque force étrangère
veut la détourner à son profit, il faut
s'élever contre une usurpation qui la
perd. En aucun cas, la justice ne peut
appartenir à la force; c'est la force qui
lui appartient, qui doit la servir. Et

plus l'usurpation est pressante, plus elle a de prétextes à faire valoir, plus les amis de ce qui est légitime doivent se montrer fermes et vigilans.

En cette occasion comme ailleurs, je dirai tout ce que je pense. Je ne sais nul autre moyen de répondre aux suppositions calomnieuses, et de repousser d'avance les infatigables soupçons de l'esprit de parti. Je n'ai qu'un mot à ajouter. Ce n'est point les tribunaux que j'accuse; c'est la justice que je défends.

Paris, 1er. février 1821.

TABLE

DES CHAPITRES.

——————

DES
CONSPIRATIONS

ET

DE LA JUSTICE POLITIQUE.

CHAPITRE Ier.

But de cet écrit.

De grands périls nous assiégent ; des périls
plus grands nous menacent. Il en est un dont
tous les esprits sont frappés, mais dont nul
peut-être n'a encore mesuré toute l'étendue ;
je veux parler de la justice près de tomber
sous le joug de la politique. Je ne saisirai
point cette triste occasion pour redire ce
que je puis penser du système de gouvernement qui convient à la France. Il s'agit ici
de droits et d'intérêts qui sont au-dessus de
toutes les opinions, que tout système est
également tenu de garantir. Je ne sache aucun parti, aucun pouvoir qui ait osé s'arro-

ger, en principe, le moindre droit sur le sang innocent. On l'a souvent versé à flots, mais toujours en le traitant de coupable. Ceci est donc une question libre, une question purement morale, où nulle autre considération ne saurait être admise, sans le plus révoltant outrage à tout ce qu'il y a de saint.

Je prie donc ceux qui pourront me lire d'oublier, comme je le ferai moi-même, tout engagement de situation ou de parti. Pour que la justice soit, il faut qu'elle soit pure; elle ne supporte aucun alliage; elle s'évanouit toute entière au moindre souffle étranger.

Quelle est d'ailleurs l'opinion, quel est le parti qui ne trouve dans sa propre histoire, et dans son histoire récente, d'invincibles motifs pour souhaiter ardemment que la justice demeure, qu'elle demeure hors des débats et des vicissitudes de la politique? L'iniquité s'est promenée au milieu de nous, frappant à toutes les portes, prenant aujourd'hui pour victimes ceux qu'hier elle voulait pour instrumens. Qui sait les retours des choses humaines? Que la justice ne s'engage point à leur suite! qu'il y ait, sur la terre, un asile inviolable à tous les vainqueurs!

Notre temps en a plus besoin que tout autre. Ce n'est pas d'aujourd'hui que le monde se plaint d'être mal gouverné. Mais à aucune époque les fautes des gouvernemens n'ont eu des effets si certains, si étendus et si prompts. On dirait que la providence est devenue plus sévère. Elle permet au mal une facilité d'accomplissement, une rapidité de propagation, vraiment inouïes. Et non moins rapide, non moins terrible est la violence avec laquelle le mal retombe sur la tête de ses auteurs.

Je ne viens point rechercher tous les abus dont l'administration de la justice peut être entachée aujourd'hui. Un seul genre de crimes et de poursuites m'occupe. Dès que les partis sont aux prises, on entend parler de conspirations et de complots. Nous n'avions pas besoin qu'une nouvelle expérience nous l'apprît. Elle ne devait pas nous être épargnée. Elle est complète en ce moment. Jamais, depuis la restauration, les actes ou les accusations de cette sorte n'avaient été si multipliés et si graves.

D'où provient ce mal? Quels caractères doit-il porter pour tomber dans le domaine des tribunaux? Où commencent l'action légale et l'efficacité du pouvoir judiciaire contre les attaques ou les périls qui menacent la sûreté de l'état? Quels sont, à cet égard, les devoirs de la politique et les droits de la justice, et quelle limite les sépare? Cette limite est-elle enfreinte? Ce sont les questions que j'ai dessein d'examiner.

Questions religieuses et terribles, car l'homme qui déclare l'homme coupable, et le punit à ce titre, résout un problème et exerce un droit où Dieu seul est assuré de ne point faillir! Tous les jugemens seront jugés. Que les passions et les intérêts du jour s'en retirent donc; l'homme a dans sa faiblesse native bien assez de chances d'erreur.

Dirai-je que nul intérêt individuel, nul dessein particulier ne me fait écrire? Je n'accuse et ne défends personne. Je crains pour la justice; je la vois en grand péril. Si quelqu'un pense que ce motif ne suffit pas, qu'il m'en suppose d'autres; je ne m'en inquiète point.

CHAPITRE II.

De la politique et de la justice.

Toutes les actions que réprouve la religion
ou la morale ne prennent pas place au nombre des délits dans le code pénal. Toutes les
lois qui doivent régler la conduite des hommes pour que la société puisse subsister ne
sont pas écrites dans les lois criminelles.

Que tout ce qui n'est pas légalement défendu se trouve tout à coup moralement
permis, que les citoyens ne se croient plus
aucun devoir, ne reconnaissent plus aucun
frein partout où ils ne verront pas l'écha-
faud, l'amende ou la prison , la société sera
aussitôt dissoute. Il lui faut d'autres liens
que ceux de la crainte, d'autres craintes que
celle du sang.

Qu'en revanche le législateur entreprenne
d'énumérer tous les actes immoraux, qu'il
les qualifie de crimes ou de délits, et leur
inflige des peines, la société sera impossible ; car l'homme, être moral, ne consen-

tira point à porter, partout et à toute heure,
une chaîne matérielle. Pour que les hommes
vivent ensemble, il faut de la liberté; et il
y en a partout où on rencontre des hommes,
même dans les prisons.

Aussi n'a-t-on jamais vu la société subsister sans autres freins, sans autres lois,
que ce qui est écrit dans ses codes; ni aucune société écrire dans ses codes et sanc-
tionner par des châtimens tous les freins et
toutes les lois.

Ce qui est vrai dans l'ordre moral l'est
également dans l'ordre politique.

Tous les dangers que peuvent faire courir
à la société les dispositions et la conduite
des citoyens ne sont pas prévus et punis par
les lois pénales. Toutes les armes dont la
société a besoin pour sa conservation ou sa
défense ne sont pas remises aux mains des
tribunaux.

De même qu'il y a beaucoup d'actes coupables que la législation ne saurait atteindre,
et qu'à son défaut la morale et la religion se
chargent de prévenir ou de punir, de même
il y a beaucoup d'actes nuisibles, beaucoup
de périls sociaux qui sont hors de la portée

des lois criminelles, et contre lesquels d'autres pouvoirs que celui des tribunaux sont appelés à fournir d'autres remèdes que les condamnations et les châtimens.

C'est ce qui sépare le domaine de la politique de celui de la justice.

Pourquoi la société a-t-elle un gouvernement? N'est-ce que pour lever et commander ses armées, percevoir et dépenser ses revenus? Si d'ailleurs des lois pouvaient être faites pour toutes choses, et des tribunaux institués pour l'application de toutes les lois, la politique serait grandement réduite; on supprimerait une bonne partie des pouvoirs publics et de leurs fonctions.

Mais le maintien de la société n'est pas une œuvre si simple. Il y faut plus de sagesse que les hommes n'en peuvent écrire d'avance et en règles générales. Les meilleures lois criminelles et les meilleurs tribunaux ne lui suffisent point. Elle veut que des pouvoirs supérieurs, plus actifs et plus libres, soient là pour étudier ses besoins, y satisfaire, démêler de loin les périls qui l'attendent, porter des remèdes à la source même des maux, propager les dispositions qui préviennent les crimes, changer celles qui y conduisent, empêcher enfin que la conservation de l'ordre social n'exige sans cesse l'intervention de la force matérielle, bientôt funeste et impuissante quand on lui donne trop à faire.

Tel est le but de la politique; telle est la mission du gouvernement proprement dit.

Si les Hollandais, après avoir conquis leur patrie sur l'Océan, s'étaient contentés d'élever des digues et d'infliger des peines à quiconque eût osé les dégrader, depuis long-temps l'Océan aurait reconquis la Hollande. Ils ont exercé sur les digues une surveillance plus continue et plus habile; ils ont maintes fois changé leur direction, leur place, le système de leur construction et de leur entretien. Ils ont fait plus; ils ont inspiré aux citoyens un esprit public qui a soigné et défendu les digues avec une vigilance religieuse, non moins puissante que le travail de l'administration (1). L'Océan s'est soumis à tant d'efforts et respecte leur pays.

(1) Un enfant Hollandais, se promenant seul le long d'une digue, aperçut une fissure par où l'eau

Qu'est-ce que l'entretien des digues de la Hollande auprès des difficultés que présente et des soins qu'exige le maintien de l'ordre social si mobile et si compliqué?

Voici donc le départ qu'a prescrit la nature des choses entre la politique et la justice, le gouvernement et les tribunaux.

Elle a dit aux tribunaux : — On vous remettra des lois que vous n'aurez point faites, que vous ne pourrez changer, et qui seront la règle de vos décisions. Dans ces lois seront énumérés et définis les actes punissables; elles vous diront quelles peines y sont attachées. Quand un homme sera amené devant vous, prévenu de l'un de ces

---

commençait à couler. Il essaya de la boucher avec du sable, de la terre, tout ce qu'il trouva sous sa main. N'y pouvant réussir et ne voyant venir personne, il s'assit, le dos appuyé contre la fente, empêchant, à tout risque, le progrès de l'eau et attendant du secours. Là où existe un sentiment public si général et si impérieux, on peut être assuré que le but vers lequel il se dirige sera atteint. Que la politique sache inspirer en faveur de l'ordre établi un sentiment de ce genre, les tribunaux auront peu de conspirateurs à punir.

actes, vous recueillerez toutes les circonstances qui prouvent qu'il a commis ce dont
on l'accuse. Quand le fait sera certain et
reconnu, vous ouvrirez la loi ; vous compa-
rerez l'acte réel et individuel qui a été commis à l'acte légal qui a été défini ; si les deux
termes coïncident de telle façon que la définition de la loi soit celle du fait, et que,
dans le fait se trouve accomplie la définition de la loi, vous déclarerez le crime et
appliquerez la peine. ––

Dans ce cercle est enfermé le pouvoir
judiciaire. S'il en sort, il viole la loi qui a
été connue du coupable ; il en fait une autre
qui ne l'était point ; il punit comme crime
ce que la loi n'avait pas incriminé.

Cela fait, le pouvoir judiciaire ainsi établi dans ses attributions, qui fera tout le
reste ? Qui donnera aux juges de bonnes lois,
aux justiciables de bons juges ? Qui inter-
viendra dans toutes les affaires que les lois
ne peuvent régler ? Qui répondra aux nécessités infinies et infiniment variables de la
société ? Qui maintiendra tous les intérêts
qu'elle renferme dans un tel état de satis-
faction et d'harmonie que les individus ne

soient pas sans cesse tentés de se porter à des
actes dangereux ou déclarés criminels? C'est
ici là tâche de la politique ; le gouvernement
existe pour la remplir, sous la garantie de la
responsabilité.

On ne me demandera point d'énumérer
ses fonctions, ses devoirs, les moyens dont
il dispose pour y satisfaire. Je n'ai voulu que
tracer la ligne de démarcation qui sépare
absolument la politique de la justice, le pouvoir judiciaire de tous les autres pouvoirs.

La conséquence fondamentale de cette
distinction est claire. Le pouvoir judiciaire
est lié par des lois qui définissent des actes.
Il constate ces actes et leur applique ces lois.
Il ne statue que sur des faits isolés et prévus.
Il ne doit ni créer de nouveaux faits légaux,
c'est-à-dire des lois nouvelles, ni assimiler
aux faits légalement définis des faits individuels qui n'y rentrent point.

Il faut bien que cette constitution du pouvoir judiciaire soit fondée en raison, car
toutes les sociétés humaines ont constamment tendu à le régler en vertu de ce principe ; et selon qu'elles y ont réussi, elles se
sont trouvées plus ou moins voisines de

l'ordre ou du désordre, de la liberté ou de l'oppression.

Mais, comme je me suis hâté de le dire, tout n'est pas là. La tâche du gouvernement demeure bien autrement étendue et compliquée. Or il peut arriver que le gouvernement ne sache ou ne veuille pas la remplir. Il peut arriver que l'habileté ou la volonté lui manque pour donner à la société de bonnes lois, de bons juges, pour administrer tous ses intérêts avec prévoyance et sagesse, pour procurer aux existences individuelles cette sécurité, aux esprits cette confiance, vrai principe de l'ordre et du repos. Il se peut faire enfin que le gouvernement, devenu incapable et mauvais, porte le trouble dans la société, et ressente lui-même ce trouble que la société troublée porte à son tour dans le gouvernement.

Qu'arrivera-t-il alors? Ce qu'il est aisé de prévoir. La politique ayant cessé d'être bonne et vraie, c'est-à-dire juste, la justice sortira aussi de ses voies et deviendra politique.

C'est une loi de la providence que le mal naisse du mal, qu'un fléau appelle un fléau.

Ne nous en plaignons pas. Sans cet étroit enchaînement des iniquités diverses qui s'invoquent, s'enfantent l'une l'autre, et en s'accumulant deviennent enfin intolérables, le mal parviendrait à se dissimuler et à s'établir.

Que fera ce gouvernement qui voit la société mal administrée s'agiter sous sa main ? Inhabile à la gouverner, il entreprendra de la punir. Il n'a pas su s'acquitter de ses fonctions, user de sa force ; il demandera à d'autres pouvoirs de remplir une tâche qui n'est pas la leur, de lui prêter leur force pour un emploi auquel elle n'est pas destinée. Et comme le pouvoir judiciaire se lie de plus près et plus intimement que tout autre à la société, comme tout aboutit ou peut aboutir à des jugemens, c'est le pouvoir judiciaire qui sera appelé à sortir de sa sphère légitime, pour s'exercer dans celle où le gouvernement n'a pu suffire.

Alors abonderont les procès où le gouvernement est intéressé. Alors on verra les lois pénales recevoir une extension non-seulement contraire à leurs termes, mais hors de la portée qu'elles peuvent atteindre.

Alors leurs définitions seront, pour ainsi dire, contraintes de s'ouvrir et d'admettre ce qu'elles ne contenaient point. Alors les actes seront considérés en raison des personnes ; les intentions tiendront lieu des actes ; les présomptions suppléeront aux preuves. Alors les tribunaux entendront parler de *faits généraux*, de *malveillance évidente*, de *sentimens factieux*. Les dispositions publiques, le penchant des esprits, la vie entière des individus, leurs opinions antérieures, les intérêts de l'avenir, toutes ces considérations générales par lesquelles la conduite du gouvernement devait et n'a pas su se régler, apparaîtront alors devant les tribunaux comme sujet d'accusation ou de preuve, et fourniront l'occasion d'attaquer, par la main des juges, un mal que la raison et la loi n'ont donné aux juges ni la mission, ni les moyens de guérir.

Ceci n'est point une théorie, une conséquence présumée. Les faits parlent et n'ont cessé de parler. Partout où la politique a été fausse, incapable, mauvaise, la justice a été sommée d'agir à sa place, de se régler par des motifs puisés dans la sphère du gouvernement et non dans les lois, de quitter enfin son siége sublime pour descendre dans l'arène des partis.

Cela s'est vu constamment dans les temps qui sont le vrai domaine de la mauvaise politique, sous l'empire du despotisme et au milieu des révolutions.

Que deviendrait le despotisme dès qu'il ne possède pas absolument la société, dès qu'il essuie quelque résistance ; que deviendrait-il s'il ne faisait pénétrer sa politique dans les tribunaux et ne les prenait pour instrumens ? S'il ne règne partout, il n'est sûr nulle part. Il est si faible de sa nature, que la moindre atteinte le met tout entier en péril ; la présence du plus léger droit le trouble et le menace ; la plus petite liberté, s'il la laisse vivre, a de quoi le frapper à mort. Comment donc se sauvera-t-il s'il existe quelque barrière, quelque asile où se puissent réfugier les libertés et les droits ? Il faut qu'il renverse toutes les barrières, qu'il envahisse tous les asiles, que nulle liberté, nul droit ne puisse lever la tête ni faire un pas sans se trouver devant sa face et sous sa main. Un temps se rencontre où la société, sans défense, est presque partout livrée à la force; les églises seules sont inviolables; il faut que la force viole les églises; si elle les respecte, elle est perdue. Charles II gouverne avec un parlement corrompu; mais les villes ont des chartes, les corporations des priviléges; il faut que les chartes et les priviléges soient retirés aux villes et aux corporations. Les juges ne satisfont pas pleinement à l'impatience de Jacques II contre la religion du pays; il faut que la cour de commission ecclésiastique soit ressuscitée, que ses lettres-patentes lui donnent le droit de procéder sur de simples soupcons, et l'affranchissent de toute loi contraire, de tout statut antérieur. Les jurés de Londres ont acquitté Colledge que poursuivait la cour; il faut qu'Oxford fournisse des jurés plus dociles qui le condamneront pour les mêmes causes; et désormais *la cour mettra tout en usage pour empécher la formation* de jurys qui n'obéissent pas (1). Artisans de despotisme,

---

(1) *Vie de Jacques II*, d'après les mémoires écrits de sa propre main, etc. Tome II, page 259.

quels que soient le siècle et le pays où vous
tenterez de le fonder, ne prétendez pas que
la justice demeure ; connaissez mieux votre
situation et vous-mêmes. Votre politique
sera contraire à la vérité, c'est-à-dire, à
la justice ; dès lors la justice, sous quelque forme, dans quelque but qu'elle se
montre, sera contraire à votre politique.
Vous serez forcés de l'usurper, de l'asservir.
Si elle ne se donne à vous, elle s'armera
contre vous. Il faut qu'elle cesse d'être la
justice, qu'elle devienne de la politique,
votre politique même. Sidney est mort
pour vous apprendre que, dans le fond
d'un tiroir, un manuscrit contenant une
théorie est· pour vous plein de péril. Vous
ne pouvez souffrir ni lois ni juges. Des
volontés, des commissaires, c'est la conséquence de votre système, la condition de
votre pouvoir.

Les artisans de révolutions y sont également condamnés. Dans l'état de dissolution
et de guerre où sont alors jetés les peuples,
dans cette terrible suspension de la société,
la politique envahit aussi tous les pouvoirs.
Alors, tout indifférent devient un mécontent,

tout mécontent un ennemi, tout ennemi un conspirateur. J'ouvre une loi d'horrible mémoire, la loi du 17 septembre 1793, et j'y lis : « Sont *réputés suspects* ceux qui,
» soit par leur conduite, soit par leurs *re-*
» *lations*, soit par leurs propres écrits, se
» sont montrés les *partisans* de la tyrannie
» ou du fédéralisme, et *ennemis de la li-*
» *berté;* ceux qui ne peuvent justifier de
» l'*acquit de leurs devoirs civiques;* ceux à
» qui il a été *refusé des certificats de ci-*
» *visme;* ceux des ci-devant nobles, ensem-
» ble les maris, femmes, pères, mères, fils
» ou filles, frères ou sœurs, et agens d'é-
» migrés *qui n'ont pas constamment mani-*
» *festé leur attachement à la révolution.* »
Vous croyez que cela doit suffire, que la politique se contentera de la justice qu'elle a ainsi faite ; vous vous trompez ; il reste encore des jurés et des défenseurs : on dé-crètera : « La loi donne pour défenseurs aux
» patriotes calomniés des jurés patriotes;
» elle n'en accorde point aux *conspirateurs.* »
L'institution des défenseurs officieux sera traitée d'*absurde,* d'*immorale,* d'*impolitique.*
Il sera solennellement déclaré *que les hom-*

mes suspects répondront sur leur tête des
malheurs de l'état ; qu'en arrêtant un homme
suspect on n'aura pas besoin d'expliquer ses
motifs ; et les actes répondront aux lois, et
les faits surpasseront les paroles. Quel est,
je le demande, le caractère dominant, le
principe infernal de ces œuvres épouvanta-
bles? N'est-ce pas l'invasion de la justice par
la politique, le pouvoir judiciaire devenu
l'instrument des intérêts et des fureurs des
autres pouvoirs? Et n'imputez pas à la mé-
chanceté de quelques hommes cet odieux
résultat. Dès que la politique pénètre dans
l'enceinte des tribunaux, peu importent
la main et l'intention qui lui en ont fait
franchir le seuil; il faut que la justice s'en-
fuie. Entre la politique et la justice toute
intelligence est corruptrice, tout contact est
pestilentiel.

Que la société regarde donc bien aux
moindres symptômes de ce rapprochement;
qu'elle s'en inquiète dès le premier jour, et
ne se laisse imposer par aucune excuse. Ni
les circonstances, ni les hommes, rien ne
doit rassurer contre le fait même. Si les circonstances sont graves, elles s'aggraveront;

si les hommes sont honnêtes, ils se pervertiront. Les pouvoirs n'ont point de privilége sur la nature humaine; pour eux comme pour les individus, le mal enfante le mal, l'abîme invoque l'abîme. Pour eux comme pour nous, un pas fait hors de la bonne voie révèle et les fautes antérieures, et les fautes futures. Et la condition de la politique et de la justice est ici la même; à l'une et à l'autre leur rapprochement est également fatal; en le recherchant la politique s'accuse; en s'y prêtant la justice se perd: et il est du devoir de tout bon citoyen d'observer avec anxiété tout ce qui l'annonce, dans l'intérêt des pouvoirs eux-mêmes, comme dans celui de la société.

Pouvons-nous concevoir de telles craintes? Je le pense, et vais dire quels symptômes m'apportent le pressentiment de ce danger.

~~~~~~

CHAPITRE III.

Des conspirations.

Le nombre et la fréquence des conspirations attestent le mauvais état de la société, ou la mauvaise conduite du gouvernement, ou l'un et l'autre ensemble.

Je pourrais dire que le gouvernement étant institué pour être bon, c'est-à-dire, pour satisfaire aux besoins généraux de la société, si l'état de la société est mauvais, cela prouve que le gouvernement n'est pas bon. Je ne serai pas si sévère. Je crois qu'il peut exister, au sein de la société, des forces aveugles ou perverses, ardentes à renverser des pouvoirs que la société a intérêt de maintenir.

Que ces forces conspirent, si elles peuvent, rien de plus naturel; que le gouvernement les combatte, rien de plus légitime. Je ne révoque en doute ni la possibilité des conspirations, ni la justice du châtiment des conspirateurs.

Je ne crois pas que, sous les règnes de Guil-

laume III et de George Ier., l'Angleterre ait
été bien gouvernée. Les iniquités et les fautes
du parti dominant contribuèrent beaucoup
à faire naître les complots qui se succédèrent
contre lui durant soixante ans. Cependant
ces complots menaçaient, au fond, les intérêts légitimes du pays ; il était juste et nécessaire qu'ils fussent énergiquement réprimés.

Ce qui n'est ni juste ni nécessaire, c'est de
fournir aliment ou prétexte aux intérêts et
aux passions qui peuvent être enclins à conspirer, et de chercher ou seulement de voir
des conspirations où il n'y en a pas.

J'ai entendu dire plus d'une fois que les
gouvernemens avaient le droit de tout faire
pour se conserver. Maxime atroce et impie,
qui donne aux ennemis des gouvernemens le
droit de tout faire pour les attaquer, et qui
détruit l'état de société pour mettre à sa
place l'état de guerre. Je ne sache pas de tyrannie à qui cette maxime ne suffise pleinement.

Qu'il me soit permis de le dire en passant.
Il est des hommes qui, en maniant le pouvoir, se croient habiles parce qu'ils se rési-
gnent sans peine à la nécessité du mal. Peut-

être sont-ils entrés dans les affaires avec l'intention, je dirai plus, avec le goût de la justice. Des difficultés se sont rencontrées; contre ces difficultés ils ont fait des fautes; ces fautes ont amené des difficultés nouvelles. Ils ont eu recours à la force matérielle dont ils disposent pour échapper aux écueils où leur raison avait échoué. Dès lors, le goût de la force les gagne, et ils disent qu'ils ont gagné de l'expérience; ils appellent cela *entrer dans la pratique, comprendre les choses et les hommes.* — Auparavant ils étaient jeunes, ils rêvaient des chimères; maintenant ils savent le monde et possèdent l'art de le gouverner. Éternelle insolence de la nature humaine! La seule expérience qu'ils aient acquise est celle de leur faiblesse, et ils s'en prévalent comme d'un progrès dans la science du pouvoir!

Cette science est difficile, je le sais, et je suis loin de prétendre que nul n'ait droit au pouvoir s'il n'est égal à sa tâche. Qui le serait? Je ne dirai donc point qu'un gouvernement qui ne se conduit pas de manière à prévenir les conspirations, est, par ce seul fait, condamné. Je dirai cependant

que c'est là le premier devoir des dépositaires de l'autorité, et que, si les conspirations se multiplient, il y a présomption
contre eux.

Cette présomption en entraîne une autre.
Inhabile, le pouvoir est poltron. Poltron,
il est violent. Poussé de l'inhabileté à la
peur, et de la peur à la violence, il n'a de
ressource que dans l'iniquité. Les complots
lui sont nécessaires, et pour légitimer ses
craintes, et pour lui procurer, par les châtimens, la force que lui ont fait perdre ses
fautes.

Voici comment il les trouve, ces complots dont il ne peut plus se passer. J'ai
besoin de parler avec une entière fran-
chise. Il n'est pas en mon pouvoir d'éviter
la vérité.

La première et la plus générale des dispositions que fait naître chez les peuples la
mauvaise conduite du gouvernement, c'est
l'indifférence. Quand l'administration de la
chose publique est incertaine, obscure, contraire aux intérêts généraux du pays, les
citoyens s'en détachent et se renferment
dans l'intérêt privé. La cause du gouverne-

ment n'étant point la leur, ils regardent le gouvernement lui-même comme un étranger avec qui ils n'ont rien de commun, et qu'ils laisseront s'agiter pour son propre compte, sans autre soin que de séparer leur fortune de la sienne, autant que le permettent les rapports matériels qu'ils ont avec lui.

Au sein de cette indifférence publique se forment des mécontentemens plus positifs. Des intérêts légitimes sont inquiets ou froissés; la sécurité qu'on leur a garantie leur manque; ils s'irritent du désaccord qui existe entre l'état de trouble où ils se sentent et les promesses qu'on leur a faites, qu'on leur fait encore. Ils saisissent toutes les occasions de manifester leur mécontentement. Les élections, les pétitions, la défaveur témoignée aux agens de l'autorité, tout leur est bon pour faire éclater leur humeur; et à mesure qu'elle éclate, elle devient plus profonde et plus active.

Il se rencontre des hommes qui s'en font les représentans et les organes. Le mécontentement des intérêts froissés, des classes inquiètes, se personnifie, pour ainsi dire,

en eux. C'est à eux qu'on s'adresse ; c'est
vers eux qu'affluent les abus à dénoncer,
les plaintes à publier, les torts de l'autorité,
les alarmes des citoyens. Ils deviennent ainsi
le centre de ces dispositions éparses qu'ils
recueillent et qu'ils expriment. Ils prennent, envers le pouvoir, une attitude de
méfiance et d'hostilité. Ils sont toujours là,
enclins au soupçon et préparés à l'attaque.
Ce sont des adversaires permanens dont
les habitudes, les actes, les paroles, portent
souvent les caractères extérieurs de l'inimitié.

Enfin tout gouvernement nouveau, et
fondé sur les ruines d'un autre, a des ennemis véritables qui désirent sa chute et se
réjouissent de ce qui peut y contribuer.

Qu'y a-t-il dans tout cela ? une rébellion ? une conspiration ? Non certes ; ou-
vrez les codes les plus tyranniques, les lois
les plus artificieuses ; étudiez cette définition du *complot* qui existe dans notre Code
pénal, et qui, proposée dans le conseil
d'état de Napoléon, saisit d'étonnement et
presque d'effroi la plupart de ses membres.
Si nul intérêt actuel ne vous pousse, si vous

n'êtes en présence d'aucun nom propre fameux, d'aucune prévention particulière, je vous défie de reconnaître, dans ce que je viens de d'écrire, les caractères légaux du crime. Quelles que fussent les intentions des législateurs, par cela seul qu'ils considéraient les choses d'une façon générale et en l'absence de toute nécessité du moment, ils n'ont pu abdiquer la raison et la justice, au point de donner à leurs définitions une si vaste et si terrible portée.

Et bien, ce qui n'est pas dans les faits dont je viens de parler, ce que les lois les plus redoutables n'ont pu y voir d'avance, un gouvernement mauvais et inhabile l'y verra; il y aura pour lui des rébellions, des complots, dans cette hostilité de quelques hommes, dans ce mécontentement de beaucoup d'autres, et peut-être même dans cette indifférence où sont tombés tant de citoyens. Ces dispositions plus ou moins générales, ces tristes symptômes d'un état fâcheux et inquiétant, deviendront à ses yeux les élémens et presque les preuves d'un crime. Il se sent faible, il se croit menacé; il a raison; mais à qui s'en prendra-t-il? A lui-même? Il ne le peut, car il serait contraint de se changer; au public, à telle ou telle portion du public? Mais le public n'est pas un être qu'on puisse accuser, juger et punir. Il faut des êtres positifs et individuels en qui puissent être incriminés ces faits généraux dont on a peur : il faut que ces dispositions publiques prennent la forme d'actes particuliers et légalement coupables. A ce prix seulement elles peuvent être qualifiées de crimes; et il faut bien qu'il y ait crime, puisqu'il y a danger ; il faut bien qu'elles soient punies à titre de crime, puisque, à titre de danger, on ne sait comment s'en préserver.

Est-il trop difficile d'atteindre à ce but? Le péril qu'on redoute n'a-t-il pas encore acquis assez de consistance, ne s'est-il pas encore assez étroitement incorporé avec quelques individus, pour qu'on puisse, sans trop d'efforts, le métamorphoser en délit? Il n'importe ; engagé dans une voie fatale, le pouvoir est contraint d'avancer; il aidera lui-même à cette métamorphose; il aura des agens qui, souvent à son insu, par le seul résultat de l'impulsion qu'ils ont reçue de lui, d'espions deviendront provo-

cateurs. Jetés au milieu de ces disposi-
sitions générales où réside le mal, attachés
aux pas des individus en qui elles se sont
plus clairement manifestées, ils les cultive-
ront pour les mener à effet ; ils se saisiront
du moindre embryon de crime, du moindre germe de complot, pour l'échauffer, le
féconder, le nourrir, et le livrer à sa destinée dès qu'il sera assez grand pour supporter
un peu la lumière. Et une fois en possession
d'un petit centre auquel se puissent légalement rattacher ses alarmes, la politique,
demi-aveuglée, demi-perverse, s'élancera
de là à la recherche de tous les dangers dont
elle veut s'affranchir ; elle ira fouiller dans
le sein de l'hostilité, du mécontentement,
de tout ce mauvais état du pays qui cause
sa peur ; elle y recueillera des rapports, des
inductions, des preuves ; elle en compo-
sera je ne sais quel fantôme dont elle s'épou-
vantera peut-être elle-même avant d'en venir épouvanter les autres ; et enfin, on la
verra demander à la justice de ratifier son
ouvrage, en déclarant que ce sont bien là
les faits qualifiés crimes par la loi.

Ainsi se font les conspirations quand la

politique impuissante a besoin d'envahir
la justice pour se défendre contre le mal
qu'elle a fait ou n'a pas su guérir. Sans
doute, il peut se rencontrer dans les matériaux sur lesquels elle s'exerce de la sorte,
plus ou moins de consistance, et, dans sa
propre conduite, plus ou moins de bonne
foi. Les illusions du pouvoir sur ses périls
ou sur ses actes sont infinies. Il y a de la
sincérité dans ses plus absurdes terreurs, et
même de l'innocence dans ses procédés les
plus criminels. Mais dans la situation dont
je parle règne toujours le même caractère.
C'est toujours la politique asservie par la
police, et la justice envahie par la politique.
Et le principe d'un si fatal égarement est
toujours cette méprise qui, aveuglant l'autorité sur les causes et la nature du mal,
lui fait voir des crimes partout où existent
des dangers, des conspirateurs là où elle
redoute des mécontens.

Si jamais une telle dépravation de la politique et de la justice fut à craindre, c'est
de nos jours. Depuis trente ans, les révolutions et le despotisme possèdent notre
pays. Depuis trente ans, dans tout ce qui

se lie un peu étroitement à la politique, la justice nous est inconnue. Les gouverne-mens qui se succèdent, en recueillant l'hé-ritage de leurs prédécesseurs, y trouvent des habitudes, des pratiques dont ils ne s'affranchissent point. L'invasion de la jus-tice par la politique est devenue, pour ainsi dire, une ornière où le pouvoir retombe au moindre choc. Il n'est pas jusqu'aux souvenir de nos anciens tribunaux, quel-que effacés qu'ils paraissent, qui n'exercent, à cet égard, une fâcheuse influence. Les parlemens étaient des corps politiques et ju-diciaires à la fois; et le premier de ces ca-ractères a souvent perverti l'autre. Les tri-bunaux actuels, tout dénués qu'ils sont de la force et de l'auguste gravité des parle-mens, se regardent encore comme les héri-tiers de leur situation, et sont disposés à rentrer dans des voies où ils n'offrent aucune des garanties qui faisaient l'énergie et le crédit des institutions passées. Le pouvoir judiciaire qui a cessé d'être l'allié puissant de la politique, semble se croire destiné à en devenir le docile agent. Et c'est à la naissance d'un gouvernement, c'est au mi-

lieu de la lutte des partis, que cet élément
fondamental de la société, appelé à être la
sauvegarde des citoyens, ne sait encore ni
ce qu'il est, ni comment se défendre lui-
même. Aux erreurs de l'autorité il n'a
point de doctrines à opposer ; dépourvu du
sentiment d'une grande force qui puisse
suffire contre un grand péril, il se laisse induire à porter la main partout où on réclame son secours. Il est enclin à partager
toutes les méfiances, toutes les alarmes de
la politique, à voir des complots où elle en
voit, des ennemis où elle en redoute. Et
ainsi les mêmes causes qui égarent l'administration courent le risque d'égarer à sa
suite les tribunaux, trop peu sûrs d'eux-
mêmes pour tenir une conduite qui leur
soit propre, et faire face au mal, quelles
qu'en soient la nature et la direction.

Qu'on regarde aux faits et qu'on dise s'il
ne sont pas tels que je les décris. Certes, il
importe de les constater et d'en bien observer les caractères. Il importe de mettre dans
tout son jour cet envahissement de la justice
par la politique, le plus profond peut-être,
le plus fécond sans doute des maux de notre

état présent. J'ai choisi les poursuites pour cause de complot et de rébellion parce que c'est là surtout qu'il éclate avec évidence. Je viens de dire comment naissent les conspirations sous la main d'une politique qui, pour s'en préserver, s'est condamnée à les faire éclore. Les voici livrées aux tribunaux. Voyons comment on y procède à leur égard.

CHAPITRE IV.

Des faits généraux.

LE 21 novembre 1683, on poursuivait à
Londres le procès d'Algernon Sidney, accusé
de haute trahison. Jefferies présidait la cour.
Un témoin, M. West, compromis lui-même
dans le complot de *Rye-house*, mais qui
avait tout révélé, est introduit. Il prête serment, et son interrogatoire commence en
ces termes :

M. North au témoin. Racontez, je vous prie,
à la cour tout ce que vous savez sur le projet
d'une insurrection générale en Angleterre.

Sidney. Le témoin doit dire ce qu'il sait
sur mon compte.

Jefferies. Nous veillerons à ce que le
témoignage ne soit pas rendu autrement que
cela ne se doit.

Sidney. Se peut-il que le témoin soit
admis à dire autre chose que ce qui se rapporte à moi et à mon accusation?

Jefferies. M. Sidney, vous vous souvenez
que, lors du jugement du dernier complot

papiste, dans les débats élevés au sujet de M. Coleman, de M. Plunket et autres, il fut d'abord rendu un compte général du complot. Je ne doute pas que vous ne vous en souveniez. (1)

À ces mots, Sidney se rassied et se tait.

C'était en effet dans l'odieux procès intenté en 1678 à des catholiques, sur les absurdes dénonciations de Titus Oates et de quelques autres misérables, qu'avait été introduite cette pratique des *faits généraux*, instrument d'iniquité que le parti protestant, dans la personne de Sidney, vit alors se retourner contre lui. Et comme la tyrannie s'autorise toujours de la tyrannie, Jefferies s'empressa d'opposer aux réclamations de Sidney un fait que, cinq ans auparavant, Sidney, aveuglé par l'esprit de parti, avait peut-être approuvé. Exemple terrible, entre mille autres, des argumens et des armes que fournissent contre elles-mêmes les factions !

Ce fait se renouvelle de nos jours. Dans le procès qui vient d'avoir lieu au sujet des

---

(1) Voyez la collection des *State trials* de Cobbett, t. 9, pag. 840. Londres 1811.

troubles du mois de juin, l'acte d'accusation dressé par M. le procureur général a été divisé en deux parties, la première, sous le titre de *faits généraux*, la seconde sous celui de *faits particuliers* aux accusés. La procédure a été conduite et les témoignages rendus, du côté des accusés eux-mêmes comme du ministère public, dans le système de l'acte d'accusation.

Avant d'examiner quel était, dans cette occasion, le but réel ou du moins présumable de ce système, et quel en a été le résultat, il est bon de considérer la question en elle-même, indépendamment de toute circonstance.

C'est presque toujours dans des accusations pour fait de complot, et de complots qui n'avaient reçu aucun commencement d'exécution de quelque importance, qu'a eu lieu cette exposition de faits généraux, sans rapport direct et visible avec les accusés. C'est aussi à des époques soit de tyrannie, soit de grande effervescence des partis, que ce système a été pratiqué.

Il est aisé d'en découvrir les raisons.

Dans la plupart des délits, le fait matériel,

incriminé par la loi , est constant. Un homme a été tué ; des effets ont été volés. La question est de savoir si le prévenu est bien réellement le meurtrier ou le voleur.

Dans le cas du complot, au contraire , comme dans un grand nombre de délits politiques, et lorsque le crime , loin d'être consommé , n'a pas même reçu un commencement positif d'exécution, il s'agit non-seulement de savoir quels sont les coupables , mais encore, et d'abord même , s'il y a crime. Le crime , conspiration ou autre , ne s'étant point résumé en un fait complet et certain, les élémens en sont, pour ainsi dire , épars ; ils résident dans une multitude de circonstances plus ou moins indifférentes par elles-mêmes, visites , réunions , paroles , lettres obscures, etc. , où le pouvoir qui poursuit est obligé d'aller les chercher. Il faut qu'il rapproche ces circonstances, les compare , les groupe dans une intention commune et vers un but déterminé , qu'il construise enfin le délit qui a été arrêté dans son cours avant de s'être construit lui-même.

Quel est , en pareil cas , le droit des accusés ? C'est évidemment que le délit qui leur est imputé ne soit cherché que là où on les rencontre eux-mêmes; qu'il ne soit construit qu'avec leurs propres actions, avec des faits qui se rapportent à eux, dans lesquels ils occupent une place. Si, en recueillant les circonstances qui leur sont relatives, où ils figurent en quelque manière, on ne parvient pas à y reconnaître, à en former le crime qu'on leur reproche, qui osera dire qu'ils sont coupables? qui demandera qu'ils soient condamnés?

La justice s'y refuse; mais la politique a d'autres secrets : voici comment elle procède.

Vous croyez que le crime qu'il faut prouver est celui des accusés qui sont sur les bancs. Si c'est autre chose, direz-vous, qu'on amène d'autres accusés. La politique en sait davantage. Elle va oublier les accusés; elle ne s'occupera point d'eux. C'est le crime en général, et non pas celui de telle ou telle personne, qu'elle veut découvrir et construire; elle prouvera qu'il y a eu complot, indépendamment de ce qui se rapporte aux hommes qu'elle en accuse; elle le prouvera par une multitude de circonstances auxquelles ils sont parfaitement étrangers, dont ils n'ont eu nulle connaissance, dans lesquelles leur conduite ne se rencontre ni de près, ni de loin : et quand elle aura réuni tous les élémens de crime qui se peuvent recueillir hors de l'accusation nominative qu'elle a intentée ; quand elle aura interrogé les dispositions publiques, les événemens passés, les paroles ou les actes d'hommes qu'elle ne poursuit point, mais dont les opinions ont quelque analogie avec celles des hommes qu'elle poursuit ; quand, par cet immense et informe travail, elle aura réussi à composer quelque chose qui puisse frapper l'imagination des assistans, qui, dans un dédale plein de confusion et d'obscurité, fasse entrevoir le crime, bien que dépourvu de formes individuelles et précises.... alors, armée de ce crime, dont elle a puisé partout et de toutes mains les élémens, elle viendra dire : — Vous le voyez, le fait est constant ; il y a eu complot, un grand complot ; maintenant, je dis que ces hommes-là en sont coupables. —

Voilà les *faits généraux* ; les voilà tels que les a pratiqués la tyrannie, quand, ne pouvant trouver le crime dans les hommes qu'elle redoutait, elle est allée le 'chercher partout pour y placer ensuite ces hommes. C'est un système qui, à l'occasion d'un fait particulier, jette un grand filet dans la société pour en retirer tous les moyens d'attaque, toutes les armes, toutes les preuves que la société lui pourra fournir. A la faveur de ce système, toutes les passions, toutes les croyances aveugles, toutes les méfiances invétérées des partis, sont évoquées et dirigées sur un seul point, contre quelques individus. La haine et la crainte du papisme possèdent l'Angleterre; de malheureux catholiques sont accusés de complot. Si l'on se tenait dans le cercle des faits qui leur sont imputés, si les débats et les témoignages se renfermaient dans les charges spéciales dressées contre eux, le complot ne pourrait être construit, la plupart des prévenus seraient reconnus innocens; mais on s'élance dans la sphère illimitée des faits généraux; les allégations les plus vagues, les récits les plus étrangers au procès sont entendus; des témoins viennent parler des éternels desseins des papistes, de leurs sentimens, de leurs désirs. Le public s'échauffe;

ce n'est plus une poursuite judiciaire qui
s'instruit, c'est une question politique qui
s'agite. Dès lors le complot est certain,
établi ; et dans cette certitude générale, la
conviction particulière de la culpabilité des
accusés trouvera facilement sa place. La
chance tourne ; le parti de la cour reprend
l'offensive ; c'est le républicanisme qui est
devenu suspect ; Russell et Sidney sont notés
par leur constante opposition ; un complot
s'ourdit contre la vie du roi ;...... Russell et
Sidney, mécontens, ont voulu l'assassinat ; ils
l'ont voulu, car ils ont eu des relations avec
Rumbald, Sheppard et quelques autres ; ces
relations ne donnent pas assez de preuves ;
on rentre dans les faits généraux ; ils abon-
dent ; le premier témoin appelé contre Sidney déclare qu'il ne l'a point vu, qu'il n'en a
rien entendu dire depuis le moment où, lui
West, a eu connaissance de la conspiration.
N'importe, qu'il continue ; il a des faits généraux à raconter ; l'impression qu'on en attend sera produite, et quelque chose en re-
tombera sur Sidney, dont il ne sait rien.

Passons à ce qui nous touche.

A quel titre demandait-on au mois de

juin dernier le rapport de la loi du 5 février 1817 ? On parlait d'une faction ardente
à renverser le trône, d'une conspiration
permanente qu'à tout prix il fallait déjouer.
Mais ce n'était là que de la politique. Les partis se renvoyaient l'un à l'autre ces épithètes
de factieux et de conspirateurs. Il ne s'agissait d'aucun fait particulier, d'aucun individu.

Les partis existent dans le pays comme
dans la chambre. Des désordres éclatent. Ils
sont le résultat de l'état général des esprits
et des provocations du parti qui alors prenait l'offensive sur tous les points. M. le garde
des sceaux s'empare de ces désordres ; il y
voit l'ouvrage de la *faction* qu'il a attaquée,
la preuve de la *conspiration* qu'il a dénon-
cée ; il affirme que la faction est prise sur le
fait, que la conspiration est flagrante et
qu'on en tient les fils.

Au milieu des désordres, beaucoup d'individus ont été arrêtés. Malgré les affirma-
tions de la politique, on ne peut les poursuivre vaguement comme factieux ou conspirateurs. Il faut trouver dans les lois pénales un délit qui ressemble à leurs actes,
et dans leur conduite des actes qui se

rapportent au texte des lois. Après un long examen, la plupart de ces individus n'offrent aucune prise. On les relâche. Onze seulement seront poursuivis. Pour ceux-là même, ce n'est plus de conspiration qu'il s'agit. On ne croit pouvoir leur imputer que le fait de rébellion ou de provocation à la rébellion.

Mais ce fait même de la rébellion a des caractères légaux et déterminés. Il est difficile de les retrouver pleinement dans les faits particuliers recueillis sur le compte des accusés. Quelque soin qu'on apporte à rassembler toutes les circonstances, tous les indices, la rébellion ne se laisse que péniblement construire.

Évidemment les faits généraux sont indispensables. Ils ont été publics. Leur réalité matérielle ne saurait être contestée. On peut, en en parlant, les qualifier comme on voudra; on n'y sera point astreint à produire des noms propres, à discuter des actes précis, à les conférer avec des articles de loi. On établira, dans le vague de la politique, le fait général de la rébellion, ou tel fait plus grave encore; et les accusés qui

ont été saisis dans le sein même de ce fait
ne pourront manquer d'en porter l'em-
preinte.

Dès lors reparaissent et les idées, et les
allégations, et le langage qui se sont fait entendre dans les débats des chambres. Il est
de nouveau question de *malveillans*, de *factieux*, de *conspirateurs*. On parle de *menées sourdes*, de *projets criminels*. Pourquoi
n'en parlerait-on pas ? On ne sera pas tenu
de prouver ses paroles ; ce n'est point une
accusation qu'on poursuit ; c'est de l'histoire qu'on raconte, une politique qu'on
expose. On est rentré si avant sur le terrain
de la politique, on est tellement dominé
par les passions ou les habitudes de parti,
que, dans l'acte même d'accusation, M. le
procureur général qualifie de *faction* cette
minorité de la chambre qui, en défendant
la loi du 5 février, n'a fait qu'user du
premier et du plus constitutionnel de ses
droits, le droit de dire son avis.

Et ne croyez pas que l'acte d'accusation et
les discours du ministère public offrent
seuls ce caractère. L'affaire toute entière ne
tarde pas à le revêtir. Les faits particuliers,

les accusés eux-mêmes disparaissent. Les
faits généraux et les partis deviennent le
véritable , presque le seul objet du débat.
Vous n'assistez plus à un procès, mais à une
séance de quelque assemblée publique. C'est la
conduite du gouvernement qu'on discute. Le
président de la cour et l'avocat général parlent pour lui. Un témoin est interpellé sur
un fait ; le président dit qu'il sait d'avance
quelle sera sa déposition. On réclame le témoignage d'autres députés. L'avocat général s'écrie qu'il va demander qu'on appelle
tout le côté droit. La politique a voulu se
servir des faits généraux contre les accusés.
Les accusés retournent les faits généraux
contre la politique. Les accusés seront acquittés. Quant à la politique , on a plaidé
pour et contre elle ; mais il n'a pas été prononcé de jugement.

Honneur à l'institution du jury qui , au
milieu de cette confusion, dans ce renou-
vellement de la lutte des partis , a fait pré-
valoir la voix de la conscience ! La politique,
qui avait tout envahi dans le cours des débats, n'est évidemment entrée pour rien
dans la déclaration des jurés ; ils ont jugé

les accusés sur leurs propres actes, et non
sur les faits généraux dans lesquels on
avait essayé de les encadrer. Mais il n'en est
pas moins certain que, de tous les moyens
par lesquels la justice peut être pervertie,
l'invention des faits généraux est un des
plus dangereux. Elle substitue les considérations vagues aux motifs légaux, les inductions aux preuves. Elle dénature la situation
des accusés pour les plonger dans une atmosphère obscure et douteuse, où, de moment en moment, il devient plus difficile
de démêler la vérité en ce qui les touche.
Elle caractérise enfin cet envahissement de
la justice par la politique, symptôme assuré
de la présence du despotisme ou de l'appro-
che des révolutions.

Que serait - ce si nous considérions en
détail l'influence de cette pratique en matière de complots? C'est là surtout que, par
la nature même du crime, elle est pleine
de mensonge et de péril. L'Angleterre m'en
a fourni des exemples. J'en pourrais citer
beaucoup d'autres, et montrer à quelles iniquités elle a conduit. Je ne m'arrêterai que
sur un point : c'est peut-être le plus grave.

Toutes les poursuites judiciaires commencent à raison de certains faits qui leur servent de point de départ. C'est sur ces faits que le magistrat instruit. Il les suit dans leur filiation, recueille ceux qui s'y rattachent, et remonte ainsi des actes qui constituent le crime, et des circonstances qui le prouvent, à son auteur.

Ainsi procède la justice, et telle doit être sa marche, car il lui faut une raison de procéder, et cette raison ne peut être qu'un fait qui constitue ou annonce un délit.

Mais quand la justice se laisse entraîner dans la sphère des faits généraux, voici ce qui arrive.

Qu'entend-on par *faits généraux ?* Ils comprennent tantôt l'état du pays, l'ensemble des dispositions publiques à une époque donnée, tantôt une certaine série d'événemens qui ont alarmé le pouvoir ou révélé un grand danger; ici la conduite et les desseins de tout un parti, ailleurs la tendance de telle ou telle opinion qui compte plus ou moins d'amis et de défenseurs.

Ainsi, en Angleterre, sous Charles II, l'existence des partis catholique et puritain, les craintes qu'inspirait à une portion du peuple le papisme du duc d'Yorck, les vœux qui naissaient de ces craintes, les efforts de l'opposition parlementaire ; en France, sous Henri IV, les méfiances des ligueurs et des protestans, l'influence et les menées des jésuites : c'étaient là des faits généraux, connus de tous, et objets d'espérance ou d'effroi.

Dans tous les cas, c'est la nature des faits généraux d'embrasser un champ immense, et de contenir dans leur vaste sein une multitude de personnes, d'actes, de sentimens, d'opinions qui s'y rallient par quelque côté, sans qu'on puisse, en aucune façon, les considérer comme solidaires de tout ce qui s'y passe, de tout ce qui en peut sortir.

Quand la politique, alarmée sur telle ou telle classe de faits généraux, demande à la justice d'y entrer pour y chercher des crimes dont elle soupçonne que les élémens y résident, il est impossible que la justice ne rencontre sur ses pas des hommes, des actes qui, absolument étrangers au crime qu'elle cherche, ne le sont point cependant

aux faits généraux dans lesquels elle le cherche. Titius Sabinus ne conspirait point contre Tibère ; mais il avait été l'ami de Germanicus; il vivait au milieu des souvenirs
qu'avait laissés sa vie , et des douleurs
qu'avait causées sa mort. Quand Tibère ,
redoutant, à tort ou à raison, les complots
d'Agrippine et de ses amis, envoya ses
agens dans le cercle où ils pouvaient naître,
Titius Sabinus se trouva sur leur chemin. Sans contact avec aucune conspiration, aucun projet, Titius Sabinus fut bientôt perdu.

Il n'est pas besoin d'être Tibère pour arriver à de telles iniquités.

Qui ne sait la puissance dès préoccupa-
tions de l'esprit humain ? Quand une idée le
possède, quand il s'acharne à quelque projet, tout s'y rattache, tout en dépend. Le
plus faible lien, le rapport le plus éloigné,
lui offrent l'apparence d'un incontestable et
rigoureux enchaînement. Voilà le pouvoir
judiciaire lancé dans un certain ordre de
faits qui excitent sa méfiance ; hommes,
actions, paroles, tout ce qu'il y apercevra
lui sera suspect. A défaut de faits particu-

liers, ses soupçons seuls lui serviront de
point de départ. Le nom d'un individu lui
suffira pour qu'il dirige vers lui toutes ses
pensées. Je ne suppose aucune intention
perverse ; je décris le cours naturel d'un
égarement.

Rencontrer un homme dans la sphère où
on cherche un crime, et parce qu'on l'y rencontre, être tenté de le poursuivre, entre
ces deux faits le passage est court et glissant.
Poussée par la politique, la justice l'a souvent franchi. Que fait-elle alors? elle oublie
sa condition ; elle abandonne sa boussole
légale ; elle n'instruit plus sur des faits ; elle
instruit contre des personnes.

Instruire contre des personnes ! qui s'ar-
rêtera dans cette route? quel guide y sera
fidèle et sûr? Quand l'hérésie était un crime
et l'inquisition un tribunal, c'était ainsi que
l'inquisition procédait contre l'hérésie. Sans
cesse fouillant dans ce fait général, dès qu'un
homme semblait y tenir par quelque fil,
elle saisissait cet homme, scrutait sa vie,
ses relations, ses discours, ses manuscrits,
ses pensées, et lui découvrait bientôt quelque hérésie particulière qui l'envoyait au

bûcher. Ainsi procédait le comité de salut
public, quand, parmi les *suspects*, il cher-
chait des coupables. La politique révolutionnaire avait classé, parqué ses ennemis ; et,
au moindre péril, sans aucun fait, sans aucun élément légal de crime, elle envoyait
au milieu d'eux sa justice pour y choisir,
d'après les noms propres, les antécédens,
les circonstances du jour, ceux qu'elle ju-
geait bons à poursuivre. Et qu'on ne répudie
point ces souvenirs, qu'on ne se récrie point
contre ces exemples. Quiconque, trois ans
plus tôt, eût dit à ces hommes qu'ils feraient
un jour ce qu'ils ont fait, eût aussi excité
leur indignation. Mais il n'est pas donné à
notre faible nature d'échapper au fatal pouvoir du mal qu'elle accepte une fois. Quand
il s'en est saisi, il la garde, la serre, la pousse,
et la contraint à tirer elle-même les conséquences du principe pervers dont elle a subi
le joug. Et quoi ? à la moindre apparition
de l'esprit révolutionnaire, on nous menace
de ses plus furieux excès ; on nous dit que
rien n'en peut sauver, ni les intentions, ni
le talent, ni le courage ; et on ne veut pas
que les symptômes de la justice révolution-

naire nous inspirent les mêmes terreurs ! on ne veut pas que les faits généraux, les poursuites intentées à raison non des actes, mais des personnes, toutes ces pratiques des temps sinistres nous révèlent dès aujourd'hui ce qu'elles portent dans leurs flancs ! Acceptez donc toute l'expérience ; la révolution n'a pas été faite pour donner seulement à quelques-uns le droit de s'armer, contre la liberté, des fureurs de la licence. Nous aussi, nous voulons qu'elle nous dise comment naît la tyrannie, et par quelles portes le pouvoir judiciaire entre dans les voies de l'iniquité.

De toutes ces portes, les faits généraux sont la plus large et celle qui se ferme le plus irrévocablement derrière ceux qui l'ont franchie.

CHAPITRE V.

Des agens provocateurs.

J'ai nommé Titius Sabinus ; voici comment
Tacite raconte sa perte :

« L'année du consulat de Junius Silanus
et de Silius Nerva fut souillée, en s'ou-
vrant, par l'emprisonnement d'un illustre
chevalier romain, Titius Sabinus, victime
de son amitié pour Germanicus. Il n'avait
point cessé d'être fidèle à sa femme et à ses
enfans, les visitant dans leur maison, les
accompagnant en public, de tant de cliens
le seul qui restât. Il était ainsi devenu cher
aux gens de bien, et importun aux mé-
chans. Latinius Latiaris, Porcius Caton, Pe-
titius Rufus, M. Opsius, sortant de la pré-
ture et avides du consulat, entreprennent
sa perte. On n'arrivait au consulat que par
Séjan, et la bienveillance de Séjan ne s'ob-
tenait que par le crime. Il fut convenu
entre eux que Latiaris, qui avait avec Sabinus quelques relations, tendrait le piége,

que les autres seraient témoins, qu'enfin ils
intenteraient une accusation. Latiaris com-
mença donc en laissant tomber devant Sabinus des paroles comme échappées au ha-
sard. Bientôt il le loua de sa constance et de
ce qu'ami d'une maison florissante, il ne
l'avait pas, comme tant d'autres, aban-
donnée dans ses revers. En même temps il
se répandait en discours à l'honneur de
Germanicus et déplorait le sort d'Agrippine.
Et comme le cœur des hommes est enclin à
s'amollir dans la douleur, Sabinus pleura
avec lui, et joignit ses plaintes aux siennes.
Peu après, plus hardi, Latiaris attaque
Séjan, sa cruauté, son arrogance, ses desseins ; dans ses insultes, il n'épargne pas
même Tibère. Ces entretiens, comme s'ils
s'étaient unis dans des pensées interdites,
formèrent entre eux une étroite amitié.
Déjà Sabinus recherchait lui-même Latiaris,
allait chez lui, lui confiait ses douleurs,
comme à l'ami le plus sûr. Les hommes que
j'ai nommés délibèrent alors sur le moyen
de faire entendre ces discours à plusieurs. Il
fallait conserver, au lieu de la réunion, l'apparence de la solitude. Cachés derrière les

portes, ils craignaient d'être découverts par
un regard, un bruit, un soupçon. Entre le
toit et le plafond, retraite non moins honteuse que la fraude était détestable, se ca-
chent les trois sénateurs ; ils approchent
l'oreille des trous et des fentes. Cependant
Latiaris ayant trouvé Sabinus dans la ville,
et comme pour lui raconter des choses
qu'il venait d'apprendre, l'amène dans sa
maison, dans sa chambre. Là, il l'entre-
tient (le sujet était riche) des maux passés,
des maux présens; il accumule de nouvelles
alarmes. Sabinus se livre, et d'autant plus
que les douleurs, quand elles ont éclaté une
fois, sont plus difficiles à réprimer. L'accusation est portée en toute hâte; et les sénateurs, en écrivant à César, publient, avec
leur artifice, leur propre déshonneur (1). »
Sabinus fut aussitôt condamné.

Je vais retrancher tout ce qu'il y a d'o-
dieux dans l'époque, d'illustre dans la victime, de fameux dans les délateurs, de pa-
thétique dans le récit. J'efface Tibère, Séjan,
Sabinus, Latiaris, Tacite. Je me transporte

---

(1) Tac., Annal., L. 4., c. 68.

dans un pays libre, sous un roi bon et sage.
Je prends une affaire sans éclat, un accusé
qui n'inspire aucun intérêt particulier, qui
n'a point subi une condamnation capitale.
Il ne me reste absolument qu'un homme en
présence de la justice. Voici les faits :

Millard revient du Champ-d'Asile. On peut
le croire aigri, mécontent, violent, ennemi
même, si l'on veut. On peut admettre ses
désordres, sa mauvaise conduite privée, ses
mauvais propos. On peut le regarder comme
devant être l'objet de la surveillance de la
police. Tout cela accordé, certes, ce n'est
point encore un conspirateur. Il va le devenir.

Deux hommes se lient avec lui. Il les a
rencontrés dans un estaminet. Ces hommes
se disent d'anciens officiers. Leurs sentimens, leurs discours sont les mêmes que
ceux de Millard. Ils boivent ensemble. Ils
signent ensemble le serment de « mourir
» l'un pour l'autre et pour la vraie liberté
» sans royauté. » Millard est traduit en justice comme prévenu de complot contre le
gouvernement du roi et l'ordre de successi-
bilité au trône. Nul autre fait n'est allégué

que le serment dont je viens de parler. Nul autre témoin ne se présente que les deux hommes qui l'ont signé avec lui.

Que sont ces hommes ? Ils s'appellent Chignard et Vauversin. L'acte d'accusation de Millard les qualifie *agens de police*. L'avocat général, sans s'expliquer, ne s'oppose point à ce qu'ils soient pris pour tels. La cour elle-même les désigne ainsi en rendant un arrêt pour déclarer qu'elle recevra leur témoignage.

D'ailleurs ces hommes sont connus. Ils ne débutent point dans leur métier. Je lis dans le rapport de M. de Bastard à la cour des pairs sur le procès de Louvel :

« On assurait que le nommé Chignard avait dit le 7 mars : « Il y a encore trois Louvel ; nous n'avons qu'à mettre la main dessus, et dans dix jours, il n'y aura plus de Bourbons. » Le nommé Anversin (1), désigné comme ayant entendu ce propos, avait été appelé et allait être interrogé, lorsque

---

(1) Les journaux l'ont appelé depuis Vauversin ; mais on ne conteste point que ce soit le même individu.

l'on apprit que ces individus étaient tous deux agens de police, et que, cherchant, sans se connaître, à pénétrer réciproquement leur opinion, ils avaient, par un zèle mal entendu et dans l'intention répréhensible de s'exciter l'un l'autre, tenu chacun des propos extrêmement condamnables en eux-mêmes, mais qui, dans cette circonstance, ne devaient mériter en aucune façon l'attention de la justice (1). »

Voilà toute la conspiration que Millard a faite. Voilà les hommes qui la lui ont fait faire. Voilà les seuls témoins qui l'aient prouvée.

Ces hommes ont reparu avec d'autres dans l'affaire des troubles du mois de juin. Là aussi leur qualité et leurs actes ont été mis en évidence. On a même eu lieu de croire qu'ils dataient de loin dans leur profession, et que l'un d'entre eux avait fait son apprentissage sous le régime de la terreur.

---

(1) *Rapport fait à la Cour des Pairs* dans le procès suivi contre Louis-Pierre Louvel ; par le comte de Bastard, pair de France ; n°. 237, page 368.

Je poursuis l'histoire récente des agens de cette sorte. Les faits sont aussi variés que nombreux, et méritent d'être recueillis.

On n'a pas toujours, comme dans l'affaire Millard, accepté avec empressement la présence et la déposition de ces hommes. Dans le procès de Gravier et Bouton, les accusés ont voulu rejeter la responsabilité du crime sur le nommé Leydet, qui, disaient-ils, les y avait provoqués et presque conduits. Ils ont demandé qu'il parût devant la cour. Leydet n'a été ni amené ni entendu.

A Toulouse, en juillet 1820, les nommés Picard et Escudé, dit Castelnau, proposent au sieur Blaignan, capitaine en demi-solde d'entrer dans un complot dont ils lui expliquent toute la contexture. Blaignan, révolté de leurs offres, en rend compte à l'autorité. Les provocateurs sont arrêtés et traduits en jugement. Ils font connaître leur qualité d'espions et l'allèguent comme leur seul moyen de défense. Mais le président des assises, M. Dubernard, et les jurés, n'admettent point cette infâme excuse. Le 11 décembre dernier, Escudé est condamné à cinq ans de bannissement, comme coupable de proposition de complot non agréée. Les journaux ont rapporté, mais sans détails, l'affaire et le jugement.

Il faut qu'il soit connu, et qu'on essaie du moins de décourager, par cet exemple, les hommes qui font ailleurs le même métier.

Voilà donc les agens provocateurs légalement constatés en trois occasions différentes ; et tantôt on admet leur témoignage contre un accusé qui proteste, tantôt on le refuse à des accusés qui le demandent ; une fois ils sont condamnés, mais, par malheur, le fait se passe au fond d'un département.

J'ai honte moi-même de ce que je rapporte. Cependant il convient de s'y arrêter, et de rechercher tout ce que contiennent de tels faits.

Il me faut des espions, dit l'autorité ; comment puis-je préserver l'ordre public si j'ignore ce qui le menace ? comment le saurai-je si je n'emploie de tels hommes à la découverte des projets criminels?

Je ne conteste point. Le mal existe dans la société, et c'est contre le mal qu'est institué le pouvoir. Lui interdire toute relation avec les parties honteuses de la nature hu-

maine, tout emploi du vice contre le
crime, c'est méconnaître sa condition et la
nôtre; l'erreur, pour être généreuse, n'en
serait pas moins fatale. Point de chimère,
point d'utopie ; elles sont la ruine de la liberté comme de l'ordre. C'est le reproche
banal adressé aux amis du bien que le titre
de rêveurs. Qu'ils le repoussent ; qu'ils de-
meurent constamment dans le vrai ; qu'ils
acceptent les choses humaines telles que la
Providence les a voulues, imparfaites, mê-
lées, toujours impures en tendant toujours
à s'épurer. Sur ce terrain seulement ils seront
inattaquables, et pourront hardiment reprocher au pouvoir ses corruptions de luxe, ses
gratuites iniquités.

Or, si l'espionnage est nécessaire, qui
osera le dire de la provocation ? qui soutien-
dra que la nécessité de découvrir le crime
donne le droit d'aller en chercher le germe
au fond des cœurs, de le couver, de le faire
éclore? Le pouvoir s'arroge-t-il donc la mission de Satan ? Et la pauvre nature humaine
n'est-elle sous sa main que pour avoir à se
défendre de ses tentations?

Mais de l'espionnage à la provocation

l'intervalle est court et le chemin glissant,
à ce qu'on assure. Cela est vrai ; aussi les
espions ont-ils à répondre de leur conduite
à des fonctionnaires qui répondent de leur
emploi. Quand l'autorité descend dans la
boue, la responsabilité y descend avec elle.
L'autorité ne peut être nulle part que la responsabilité ne la suive, toujours attachée à
ses pas ; et plus l'usage de l'autorité a de
périls, plus la responsabilité est impérieuse.
Il serait trop étrange que la honteuse nature
de certains services, de certains agens, af-
franchît le pouvoir de sa condition permanente, et frustrât la société de sa seule garantie.

Lors donc que les espions deviennent provocateurs, lorsqu'ils prennent l'initiative du
crime, tendent des piéges devant les faibles,
et cherchent une pâture à leur infâme habileté, le pouvoir qui s'en sert en répond, et
c'est à lui qu'on en doit demander compte.

Que sera-ce si, après leur avoir laissé
enfanter un crime qui peut-être n'eût jamais
vu le jour sans eux, il les avoue et les produit devant les tribunaux comme témoins

du crime qui sans eux ne pourrait être prouvé ?

Que sera-ce encore si, selon ses convenances ou celles de l'occasion, il les avoue ou les renie, les produit ou les cache, quoi que puissent dire et réclamer les accusés?

Je sais où le pouvoir ainsi poussé cherche un rempart et un asile. Je sais qu'il se prévaut de la bassesse même de ses agens pour se soustraire à la nécessité de défendre leurs actes. — Que voulez-vous? dit-il; j'ai besoin d'espions; les espions sont des misérables; pris eux-mêmes dans la lie de la société, c'est là qu'ils vivent, qu'ils traitent. Qu'y puis-je faire? c'est un mal qu'il faut accepter avec ses conséquences. La responsabilité que vous m'imposez est impossible; si elle pesait sur moi, je serais hors d'état d'agir. —

Cela n'est pas vrai, et le pouvoir se trompe ou nous trompe quand il parle ainsi.

Le temps est passé, j'en conviens, où les agens provocateurs, d'un nom fameux, d'un rang élevé, exerçaient dans les conditions supérieures de la société leur art infernal. Il n'y a plus de Latiaris qui s'appliquent à perdre les Sabinus ; plus de Séjan qui donnent aux Latiaris le consulat pour récompense. Grâce aux progrès de la morale publique et de l'ordre social, la provocation a été dégradée ; c'est un vil métier pratiqué par de vils espions, et qui s'adresse à des malheureux obscurs. Mais le pouvoir ne gagne, à ce nouvel état de choses, nul privilége, nulle exemption de responsabilité.

Et d'abord je voudrais savoir comment l'obscurité peut être un titre à la ruine, et la bassesse à l'impunité. Qui a reçu le droit d'aller poursuivre et faire naître dans les classes inférieures ces crimes qu'on n'ose plus provoquer dans les conditions élevées ? Ces expériences, pour être tentées *in animâ vili*, sont-elles moins funestes et moins coupables ? Qu'a fait ce peuple pour être ainsi la matière de si perfides tentations ? On redoute les dispositions des masses ; elles exercent aujourd'hui, dans les mouvemens de l'ordre politique, une plus grande influence. Mais est-ce donc par des projets individuels, par des tentatives obscures et isolées, que procède l'action des masses ? Elles se soulèvent

quelquefois et se livrent aux plus furieux
excès. Rarement elles ont conspiré. Les complots s'ourdissent dans une autre sphère. Ils
exigent des existences plus grandes et des
combinaisons plus savantes. Je comprends
Tibère craignant Agrippine, et employant
des sénateurs pour provoquer les amis de
Germanicus. Mais le pouvoir poussant à la
conspiration quelques malheureux sans nom,
sans crédit, qui vivent dans les cabarets
et se laissent induire, par un verre de vin,
à risquer leur tête pour renverser l'état,
en vérité c'est avilir la provocation elle-
même, c'est prodiguer le crime sans mesure
et hors de saison.

Et ces espions si obscurs eux-mêmes,
qu'il faut empêcher de devenir provocateurs,
s'agit-il de les surveiller individuellement,
partout, dans toutes leurs démarches, d'at-
tacher d'autres espions à leurs pas? Non;
c'est par d'autres voies et à moins de frais
que le but peut être atteint. Que l'autorité
n'ait pas besoin de chercher, dans les condamnations judiciaires, la force perdue par
une mauvaise politique; que les complots
lui soient inutiles, les provocations seront

bientôt supprimées. Un bon médecin sait
l'hygiène, et en entretenant la santé, il se
dispense de recourir aux remèdes violens.
Les gouvernemens sont tenus de savoir l'hygiène du corps social ; leur institution n'a pas
d'autre fin ; et c'est quand ils ne la savent pas
qu'ils sont contraints de convertir l'espionnage en provocation, le mécontentement
en complot, la justice en politique.

Je retrouve donc toujours la même cause
produisant le même mal, et le même mal
révélant la même cause. Conspirations fré-
quentes, faits généraux, agens provocateurs,
tout atteste l'envahissement de la justice par
la politique, et l'envahissement de la justice par la politique atteste partout l'égarement de la politique elle-même. Sans cesse
ramené à ce triste résultat, je veux le poursuivre encore. Pour que la nécessité de la
guérison soit évidente, il faut que le mal soit
connu par tous ses symptômes et dans tous
ses effets.

CHAPITRE VI.

Du ministère public.

On reproche au ministère public sa rudesse envers les accusés, l'acharnement quelquefois peu motivé de ses poursuites, l'âpreté souvent inconvenante de son langage. On le blâme de son penchant à porter dans ses actes et ses paroles une apparence de partialité et de passion, toujours déplacée dans la bouche des interprètes d'un intérêt social qui, par sa nature même, n'a rien d'exclusif. Quiconque parle au nom de la société ne plaide point une cause; toutes les causes lui sont confiées, celle de l'humanité comme de la loi, de la liberté comme de l'ordre; il est tenu de n'en oublier, de n'en sacrifier aucune, car elles se réunissent et se confondent toutes sous le nom d'intérêt général. Cet intérêt ne se divise point en un certain nombre d'intérêts distincts, pourvus chacun de défenseurs spéciaux. Il est tout entier partout où la société se montre et agit; et le ministère public n'a, pas plus que les juges et les jurés, une mission particulière de rigueur ou de vengeance.

Qu'il n'allègue donc point en excuse la nature de ses devoirs. Il n'a point de devoirs d'une nature singulière. Tous les devoirs lui sont imposés, comme à tous les dépositaires de l'autorité publique, à tous les ministres de cet intérêt universel qui comprend tous les intérêts, puisqu'il est celui de tous les citoyens.

Je crois donc l'excuse vaine et le reproche souvent fondé. Mais ce n'est pas de cela que je viens parler. Ce tort du ministère public, s'il existe, est un tort général qui se peut rencontrer et se rencontre en effet dans des procès fort étrangers à ceux dont je m'occupe. Je ne recherche point tous les abus de l'administration de la justice, toutes les erreurs de ses agens. La situation et la conduite du ministère public dans les causes politiques, surtout dans les causes de rébellion et de complot, là se borne mon sujet.

Je ne veux pas non plus m'armer de toutes les phrases, de toutes les expressions plus ou moins violentes, plus ou moins déplacées, qui ont pu échapper, en de telles matières, à des avocats généraux, et en dresser contre eux le catalogue. Le mal dont je me plains est un mal plus étendu et plus profond. J'ai dessein de montrer la fausseté et le péril du point de vue sous lequel le ministère public et les ministres qui le dirigent paraissent considérer sa situation et sa mission.

Je dis que les ministres le dirigent. Il le faut bien, car là où existe une autorité arbitraire, la responsabilité en est inséparable. Or les agens du ministère public étant nommés et révoqués sur la proposition des ministres, ceux-ci répondent du caractère général et de la direction habituelle de leur conduite. Si donc ils n'y interviennent pas, ils ont tort; ils laissent dépérir l'autorité pour s'affranchir de la responsabilité qu'elle entraîne. Y intervenir est leur devoir; mais alors l'impulsion que reçoit d'eux cette partie de l'administration publique est leur fait, et c'est à eux qu'on en doit demander raison.

Incontestable en lui-même, ce principe s'applique surtout aux procès politiques. Le gouvernement y a un intérêt trop direct

pour qu'il puisse, sans la plus grave erreur,
ou négliger la surveillance, ou éluder la
responsabilité des agens révocables qu'il
emploie à les poursuivre.

Quels sont en cette matière la situation
et le devoir de ces magistrats et de leurs
chefs?

Le devoir de l'autorité s'adapte nécessairement à sa situation, et sa situation varie
selon la mission qu'elle remplit. Un ministre
du roi soutenant à la tribune des chambres une
mesure de gouvernement, et un avocat du
roi réclamant d'un tribunal la punition d'un
crime, s'acquittent de tâches très-différentes.
D'un côté tout est général, la mesure proposée, ses motifs, ses conséquences. De
l'autre tout est individuel, le crime, le
prévenu, le jugement. Le ministre parle au
nom d'un intérêt public encore non réglé et
qui exige toujours le sacrifice de quelques
intérêts particuliers. Le magistrat parle au
nom de lois positives qui n'ont aucune con-
cession à faire ni à demander. Le premier,
appuyé d'un parti qui approuve son dessein,
l'expose et le défend contre une opposition
qui le repousse. Le second n'a derrière lui,

devant lui, autour de lui, que la loi et l'accusé. Dans un cas tout est lutte et transaction entre des masses. Dans l'autre il n'y a point de lutte entre des masses ; il ne peut y avoir de transaction, car ni l'accusé ni la loi n'ont rien à s'offrir et à s'abandonner pour se mettre d'accord.

Ainsi, dans l'arène des chambres, se produit la société toute entière, avec tous ses intérêts, toutes ses idées, toutes ses passions. Les élémens les plus opposés y sont mis en présence ; la timidité et la témérité, l'amour de la liberté et celui du pouvoir, l'ambition avide d'acquérir et l'ambition jalouse de conserver, les amours-propres, les rivalités de talent, les espérances les plus hardies et les craintes les plus soupçonneuses. C'est du débat de toutes ces forces que doit naître le bien public. Dans ce théâtre vient se concentrer toute la fermentation sociale, pour s'y manifester sans péril, et s'épurer en se manifestant.

Dans l'enceinte des tribunaux, au contraire, rien ne doit entrer que la loi et des faits prévus par la loi. C'est le lieu de l'impassibilité et de la règle. La porte en est interdite à toutes ces passions, à toutes ces forces contraires que je viens de rappeler. Ailleurs leur présence est inévitable ; ici elle serait criminelle. Toutes les formes, toutes les prescriptions légales se proposent de les en bannir. L'inamovibilité des juges, l'intervention des jurés, la rigueur du texte des lois, les impérieux règlemens de la procédure, tout atteste qu'on veut placer l'opération qui se consomme ici au-dessus de toutes les influences, et s'élever, autant qu'il appartient à l'homme, dans cette région calme et pure où n'atteignent point les orages de la terre, où aucun nuage ne voile la clarté du jour.

Il le faut bien, il le faut absolument, car remarquez de quoi il s'agit. Dans les chambres le pouvoir ne manquera ni de contradicteurs ni d'obstacles ; si la machine est bien construite et fidèle, assez de forces seront intéressées à l'épier, à le combattre, à lui demander compte de ses actes, à l'amener sur le terrain des accommodemens et des transactions. Ces forces d'ailleurs sont entre elles sur un pied d'égalité ; nul pair, nul député n'a de droit sur un autre ; tous ont celui de tout dire ; tous sont admis à dresser contre leurs adversaires toute la puissance que peuvent fournir le crédit, l'influence, le talent ; chacun s'appuie sur les masses dont il soutient l'intérêt ou la pensée ; chacun peut s'élever ou descendre un jour à la situation qu'occupent maintenant ses rivaux.

Quel spectacle nous offrent en revanche les tribunaux ? Un homme seul en présence du pouvoir qui l'accuse et de la justice qui l'attend ; un homme qui devant lui, autour de lui, ne voit que des étrangers, des adversaires, des supérieurs ; un homme dont la condition est si faible que, si la moindre brèche est faite à son droit, tout moyen de défense lui échappe, toute force lui est ravie. Et ce n'est point d'un intérêt général, plus ou moins éloigné, où il n'ait qu'une part plus ou moins bornée et douteuse, c'est de lui-même qu'il s'agit ; c'est sa liberté, c'est sa vie qu'on discute. On va décider, non pas s'il a tort ou raison, mais s'il rentrera ou non chez lui.

Que faites-vous donc si, en accusant cet homme, vous vous servez contre lui de

toutes les armes que vous employez ailleurs
contre d'autres adversaires? Que faites-vous
si vous donnez au pouvoir qui poursuit des
individus devant les tribunaux la même
allure, le même langage, la même latitude
dont jouit le pouvoir qui soutient ses actes
dans les chambres? Que, dans un débat lé-
gislatif, vous traitiez l'opposition de turbu-
lente, de violente, de factieuse même,
eussiez-vous tort, cela se conçoit; l'opposition n'en marchera pas moins, et en mar-
chant, elle vous renverra des épithètes qui
vaudront les vôtres; si vous dites qu'elle
détruit le pouvoir, elle vous dira que vous
détruisez la liberté; si vous lui imputez une
attaque au trône, elle vous taxera d'attaque
à la charte. Mais que le ministère public, à
propos d'un homme et d'un fait, établisse
l'existence d'une faction et l'y enveloppe;
qu'il déclame contre les malveillans, leurs
désirs, leurs projets; qu'il déroule, à l'appui
d'une accusation spéciale, toutes les considérations générales qu'on peut apporter en
faveur d'une mesure de gouvernement; qu'il
invoque enfin la politique toute entière en
demandant une application individuelle de

la justice légale.... c'est le renversement de
la justice même ; c'est l'introduction des
orages de la tribune dans le sanctuaire de
la loi.

Que fera l'accusé ? Lui sera-t-il permis,
comme à l'opposition parlementaire, de ren-
voyer à ses adversaires leurs imputations?
Si on le présente comme enrôlé dans une
faction, sera-t-il admis à dire que c'est une
faction qui le poursuit ? Souffrira-t-on qu'il
plaide aussi sa politique et accuse à son tour
ses accusateurs ? Cela ne se peut ; on aura
droit de le lui interdire ; et cependant on se
sera arrogé le droit qu'on lui refuse ; aux
désavantages naturels de sa situation, on
aura ajouté le désavantage immense d'une
inégalité nouvelle ; et, pour avoir tout dé-
placé, tout confondu, on sera conduit à tout
pervertir.

Ainsi s'égare l'autorité quand elle méconn-
naît la diversité de ses situations, et transporte sur le terrain judiciaire toutes les
forces, toutes les armes dont elle est pour-
vue sur le terrain politique. A la tribune,
des questions neuves et générales, la présence de l'opposition, la nature complexe et

agitée des élémens qui se combattent, tout
lui permet une grande liberté. Devant les
tribunaux, sa liberté est circonscrite par la
loi et dans l'enceinte de la loi. Le théâtre, le
but, les conditions de la conduite, tout dif-
fère ; la conduite ne peut être la même, ni
le langage pareil. C'est toujours l'autorité
publique qui, toujours dans l'intérêt social,
et sous une responsabilité constante, pro-
pose des lois ou poursuit des crimes ; mais
les mêmes moyens ne lui sont pas accordés.;
les mêmes actes, les mêmes discours ne se
placent point également dans des sphères si
diverses. Ce qui est possible, utile, légitime
peut-être en un lieu, devient odieux et funeste dans l'autre. Et l'autorité ne peut con-
fondre ses situations, ses armes, ses devoirs,
sans porter le trouble en toutes choses, et le
péril le plus imminent dans le cœur de la
société.

Nous sommes témoins de cette fatale et
coupable erreur. Le ministère public parle
sur son siége comme les ministres dans les
chambres. A propos d'un accusé il s'adresse
aux juges, comme à propos d'une mesure
de gouvernement les ministres s'adressent

aux députés. Il semble se croire appelé à
traiter là les mêmes questions, à débattre
les mêmes intérêts, à offrir les mêmes considérations, à déployer la même éloquence.
Il répète, il imite, il développe ; il oublie
que sa tâche est autre et qu'il la remplit sous
d'autres conditions. Qu'un ministre fasse valoir, en faveur d'une loi d'exception, l'assassinat de Mgr. le duc de Berry, et les craintes
qui s'y rattachent ; il en a le droit, la proposition qu'il soutient fût-elle une faute. Mais
qu'un avocat général, à l'appui de l'accusation de deux misérables, invoque les douleurs du 13 février, et même les joies du 29
septembre, qui l'y oblige, qui l'y autorise ?
A quel titre des motifs et des sentimens de
cet ordre interviennent-ils dans un procès
isolé, et quand il s'agit de juger un fait ?
Qu'ont à faire, avec les prévenus d'actes
spéciaux et définis, les factions, leurs doctrines, leurs desseins, les périls de la monarchie ? Tout cela est vrai, dites-vous ; il
y a un lien entre toutes ces choses. Vous vous
trompez ; rien n'est vrai ici que ce que vous
pouvez qualifier et prouver selon la loi ; il
n'y a point de lien ici admissible que le lien

positif établi par la loi même entre ses définitions et les faits. Vous oubliez qui vous
êtes et ce que vous venez faire ; laissez la
politique aux mains chargées de la conduire ;
c'est la justice seule qui vous envoie ; elle a
réglé d'avance votre mission , et votre mission doit régler aussi votre langage.

Le mal va plus loin. Dans la chambre des
députés on a reproché à quelques orateurs
de s'adresser souvent au public du dehors ,
plutôt qu'à la chambre même. Le député, a-
t-on dit, parle à ses collègues et non à la
multitude. Les débats sont publics pour que
le public soit éclairé sur le compte de la
chambre, mais non pour que la chambre
lui soit asservie. Les appels à l'extérieur sont
le caractère du gouvernement révolutionnaire, non du gouvernement représentatif.
Quand la chambre discute, a-t-on ajouté, le
public qui l'écoute est devant elle comme
s'il n'était pas (1).

_____

(1) Voyez un discours de M. le garde des sceaux
dans le débat des lois sur la liberté de la presse, pendant la session de 1819.

Contenu dans de certaines limites, et tant qu'on ne s'en prévaut point pour porter atteinte à la publicité, ce principe est légitime. Mais certes, c'est surtout devant les tribunaux, et dans les procès criminels, qu'il s'applique impérieusement. Là, nulle relation ne lie celui qui parle à ceux qui l'écoutent. Tout se passe entre le ministère public, les juges et l'accusé. Nulle parole ne peut s'adresser à d'autres. Nulle intention ne doit porter plus loin. Le public est là, et doit y être. Pour la justice qui poursuit et qui juge, il n'y a point de public.

Qu'on lise les discours de quelques avocats généraux; ont-ils toujours obéi à ce rigoureux devoir? se sont-ils toujours renfermés dans l'enceinte de leurs bancs? leur éloquence n'a-t-elle jamais été envoyée à des adresses lointaines ou étrangères? Je pourrais réimprimer beaucoup. Je ne citerai qu'un fait. On a vu récemment un avocat général écrire dans les journaux, pour expliquer en quel sens il avait parlé des partis, et se laver du reproche d'avoir enveloppé, dans son blâme, un des chefs de celui qui maintenant domine, M. de Châteaubriand (1). Était-ce à un certain public ou aux juges qu'il s'adressait alors ?

Ainsi, non-seulement le ministère public sort de sa sphère quant aux choses ; il en sort encore quant aux personnes. Il parle de ce qui ne lui appartient point ; et il en parle à qui il ne doit jamais parler.

Quelle est la source de tous ces désordres ? Je ne dois pas me lasser de le redire. Par-là aussi la politique envahit la justice, et la corrompt en l'envahissant.

---

(1) Voyez la lettre de M. de Vatimesnil dans le *Journal des Débats*.

CHAPITRE VII.

Des restrictions apportées à la publicité des débats
judiciaires.

Dans la dernière session, en discutant la
censure des journaux, on demanda que, par
une disposition formelle, le compte rendu
des séances de la chambre en fût excepté.
Le ministère repoussa la proposition comme
inutile, déclarant que l'exception était de
droit.

Il fut donc solennellement reconnu par-
là que la charte, en disant : *Les séances de
la chambre sont publiques* (art. 44), n'a
pas seulement voulu parler de l'admission
du public dans le lieu des séances, mais
qu'elle a encore posé en principe la publicité des débats par la voie des journaux,
sous la responsabilité portée par la loi du 26
mai 1819, qui exige que le compte rendu
soit exact et fidèle.

La charte dit également (art. 64) : *Les
débats seront publics en matière criminelle.*

6

Les paroles sont les mêmes comme leurs motifs. Le même texte a le même sens; le même principe entraîne la même conséquence. La publicité des débats judiciaires, par la voie des journaux, est donc de droit comme celle des débats politiques.

Mais le ministère ne le reconnut point par une même déclaration.

Le droit a péri, en fait, par le seul résultat d'un silence qui cependant n'y portait et n'y pouvait porter aucune atteinte. En dépit de l'analogie, il faut dire de la parité des deux cas, la censure s'est exercée sur les débats judiciaires, mutilant à son gré, soit les faits, soit les défenses.

Les exemples sont nombreux. Je n'en citerai qu'un : c'est à la fois le plus scandaleux et le plus complet.

Parmi les événemens particuliers survenus dans les troubles du mois de juin, la mort du jeune Lallemand a été sans contredit le plus grave. De tous les procès possibles, celui-là devait être le plus solennel. S'il était vrai, comme on l'avait dit, que ce malheureux jeune homme eût crié *vive l'empereur!* et résisté violemment à la force

armée, l'autorité avait le plus grand intérêt
à le constater, et à mettre en évidence, du
moins sur un point, le caractère des troubles. Dans le cas contraire, la France n'avait
pas de moindres droits à la vérité.

Un jugement a été rendu. Je n'en dis
rien.

Ce jugement a été publié. Il l'a été seul.
Aucun journal n'a eu la permission de raconter.... je ne puis dire les débats, car il
n'y en a point eu, mais ce qui s'est passé
devant le conseil de guerre.

Quelques personnes pensèrent qu'une
lettre de M. Lallemand le père aurait,
devant la censure, plus d'autorité que le
récit d'un journaliste. L'expérience n'était
pas favorable à cette tentative. Elle eut lieu
cependant. M. Lallemand écrivit la lettre
suivante.

A M. le Rédacteur du Constitutionnel (1).

« Monsieur,

» Vous avez annoncé dans votre journal
» d'aujourd'hui que le conseil de guerre a

---

(1) Cette lettre est au nombre des pièces publiées

» acquitté le soldat qui a donné la mort à
» mon fils; mais il est des détails qu'il
» m'importe de faire connaître. J'ai fait
» tout ce qui dépendait de moi pour
» obtenir justice, et l'on doit en être ins-
» truit.

» Mon fils fut tué le 3 juin; et quelque
» temps après, lorsqu'il me fut permis de
» connaître le nom du meurtrier, je portai
» ma première plainte devant M. le procu-
» reur du roi. Une instruction eut lieu, et
» Imbert fut renvoyé devant le conseil de
» guerre.

» Là une seconde plainte fut portée par
» moi. Plusieurs témoins, qu'on n'a pas
» entendus devant le conseil, mais dont on
» a lu les dépositions à l'audience, attes-
» taient que le soldat Imbert, après avoir
» tué mon fils, se rendit sur le lieu même
» où il était tombé, ramassa froidement
» son parapluie, et l'emporta sous son bras.
» J'avais cru devoir ajouter à ma première

---

dans une brochure fort intéressante, intitulée :
*Lettre sur la Censure des Journaux et sur les
Censeurs*, par M. Évariste Dumoulin. —Nov. 1820.

» plainte que le soldat Imbert avait joint la
» spoliation au meurtre.

» M. Viotti, rapporteur, m'envoya cher-
» cher et fit tous ses efforts pour me déter-
» miner à me désister de ma plainte.

» Ses raisons n'étant pas faites pour aller
» jusqu'à mon cœur, j'insistai pour avoir
» justice.

» Plus de cinq mois s'étaient écoulés de-
» puis la mort de mon fils, et je ne recevais
» aucune nouvelle du conseil de guerre;
» lorsque, le 27 octobre, dans la nuit, à
» sept heures du soir, je reçois l'ordre de
» comparaître le lendemain 28, à neuf
» heures et demie du matin.

» Je me hâtai de me rendre auprès de
» mes avocats : ils se tinrent prêts pour
» m'accompagner au conseil de guerre.

» Les pièces de la procédure ne leur
» avaient pas été communiquées (1), et
» sur plus de trente témoins qui devaient
» être entendus à charge, on n'en avait
» assigné que six.

_____

(1) A peine ont-ils eu un quart d'heure pour les
parcourir.

» Je demandai un délai devant le conseil
» de guerre, pour qu'il fût permis à mes
» conseils de prendre communication des
» pièces, et d'assigner les témoins absens.
» Le conseil de guerre m'a refusé tout délai.

» Quelques témoins ont été entendus.

» Mes conseils ont voulu prendre part
» aux débats : on s'y est opposé. Les cama-
» rades d'Imbert, qui accusaient mon fils
» d'avoir proféré un cri séditieux, n'ont été
» interpellés ni par le rapporteur ni par
» mes avocats.

» Le rapporteur, M. Viotti, a déserté
» l'accusation : il s'est prononcé pour l'ac-
» cusé.

» Mes conseils ont alors voulu donner
» des développemens à ma plainte. Le
» capitaine faisant les fonctions de procu-
» reur du roi, le commandant rappor-
» teur, l'avocat de l'accusé, s'y sont tous
» opposés. Le conseil de guerre, après
» délibération, a cru devoir accueillir leur
» opposition.

» Après le discours du commandant rap-
» porteur, qui a conclu en faveur de l'ac-
» cusé, et la plaidoirie de l'avocat de cet

» accusé, le conseil a délibéré pendant
» quinze minutes. Le président a déclaré
» avoir ainsi posé la question : Imbert est-
» il coupable ou non? Non, à l'unanimité :
» En conséquence, Imbert est renvoyé à
» son régiment pour y continuer son ser-
» vice.

» Voilà ce qui s'est passé, voilà comme
» justice m'a été rendue : ma lettre ne con-
» tient que la vérité, et cependant on
» m'annonce qu'il se pourrait qu'un pouvoir
» s'opposât à sa publication.

» Tous ces faits me confondent. Mon
» fils ! mon fils ! je voudrais être près de
» toi.

« *Signé*, LALLEMAND.

Paris, ce 29 octobre 1820.

La censure interdit la publication de cette
lettre, comme de tout autre récit.

J'entends déjà ce qu'on me reproche. On
me blâme de rappeler encore un fait déplo-
rable. On dit que j'excite les passions, que
je réveille de tristes souvenirs, qu'il faut
laisser les morts à la tombe, et couvrir d'un
voile le passé.

Je proteste de toutes mes forces contre ce système d'oubli, lâche et impuissant compagnon du système de silence. Ne dirait-on pas, en vérité, que la nature humaine est si peu faible, si peu légère, qu'elle a besoin d'être exhortée à oublier? Quoi! nous cheminons tous, d'un pas tranquille, sur ces places où le sang a si long-temps ruisselé sous nos yeux; les crimes et les maux dont tant de destinées, tant de cœurs sont encore brisés, sont déjà pour nous de l'histoire, et vous vous plaignez qu'on n'oublie point assez! Vous demandez aux sentimens de disparaître encore plus vite, à l'expérience d'effacer plus tôt ses leçons, à l'esprit de l'homme d'être encore moins sérieux, moins ferme, moins capable d'énergie et de constance! Et pourquoi? vous nous parlez de haines à étouffer, de dissensions à éteindre, de paix publique à rétablir. Vous vous abusez; ce n'est point là votre vrai motif. Vous vivez vous-même de souvenirs; il en est qui font votre force et que vous n'avez garde de repousser. Mais il en est aussi qui vous gênent, et peut-être vous accusent. C'est à ceux-là, et à ceux-là seuls que vous en voulez. Votre prétention est de mutiler le passé, de tronquer notre mémoire, d'en enlever ce qui vous importune, d'y maintenir ce qui vous sert.

Nous n'accepterons point de tels conseils. Point de privilége en fait de souvenirs ; qu'ils vivent tous pour l'instruction des gouvernemens et des peuples ; que le passé nous raconte toutes ses fautes et tous ses malheurs. Le temps n'est que trop prompt à en affaiblir la puissance ; le cœur humain n'est que trop porté à se décharger de ce qui lui pèse. Ne venez pas énerver encore son peu de sagesse et de vertu ; laissez-le se souvenir quand il se souvient ; il s'en lassera assez vite ; il oubliera assez facilement et les erreurs, et les injustices, et les maux qui devraient l'instruire. Quel est aujourd'hui notre plus pressant besoin ? C'est de savoir que l'iniquité est partout l'iniquité, la douleur partout la douleur, que les crimes d'un parti appellent les crimes d'un autre parti, et que, dans tous les partis, les crimes sont des crimes. Permettez-nous de maudire ceux qui ont été commis au nom d'une cause ; nous maudissons en même temps ceux qu'a fait commettre l'autre. Ne contestez pas à la mémoire tout son domaine et à l'expérience son impartialité. Vos efforts sont vains ; les hommes n'oublient point ce qui les a fait souffrir ; qu'en le condamnant, ils condamnent aussi ce qu'ont souffert d'autres hommes. En dépit de l'esprit de parti, un tel jugement, souvent répété, produit tôt ou tard son effet ; tôt ou tard il apprend à tous que la justice est l'intérêt comme le droit de tous ; et quel que soit le dernier vainqueur, s'il a eu souvent à réclamer l'équité, il est moins inique dans sa victoire.

Je rappelle la mort du jeune Lallemand, parce que le silence imposé sur la procédure est une des plus tristes preuves de cet asservissement de la justice à la politique qui offense tous les droits et détruit toutes les garanties. La publicité des débats judiciaires a bien moins pour objet de faire siéger les juges en présence de quelques hommes, que de mettre la conduite des procès et les jugemens eux-mêmes sous les yeux de tous les citoyens. C'est par-là qu'on apprend si les formes ont été respectées ou violées, si le vœu des lois a été rempli, quel esprit a présidé aux débats, sur quelles preuves a eu lieu la condamnation ou l'acquittement. Par-là, la société s'inquiète ou se rassure; par-là, le goût et la science de la justice se répandent, et le public s'instruit dans ce qui touche de plus près à ses intérêts les plus chers. Il n'est pas un homme éclairé qui ne sache que là peut-être est le lien le plus intime qui puisse unir le peuple à son gouvernement, car de là seulement peuvent naître ce respect de la loi, cette confiance dans les magistrats, cette habitude de comprendre la justice et d'y croire, et tous ces sentimens dont l'absence laisse le pouvoir sans racine, sans appui, isolé et flottant au-dessus de la société qu'il contient par la force, mais qu'il ne possède point. L'Angleterre aussi était très-agitée en 1794; des fermens destructeurs y pénétraient; on la disait couverte de conspirations; des lois d'exception avaient été jugées nécessaires; qu'elles le fussent ou non, elles avaient aliéné beaucoup de bons citoyens. Horne-Tooke et Hardy furent poursuivis comme les principaux auteurs des troubles et coupables de haute trahison; leur procès eut lieu avec toute la solennité, toute l'indépendance, toute la modération qui caractérisent les institutions judiciaires de ce pays. M. Pitt lui-même fut entendu comme témoin; les accusés furent acquittés; et maintenant il est reconnu que ce jugement, alors considéré comme un grand échec pour le ministère, détruisit beaucoup de préventions publiques, ramena de la confiance, fit sentir aux hommes influens tout le prix d'un ordre de choses qui donnait de telles garanties, les porta à se tenir en garde contre les périls qui pouvaient le menacer, et raffermit ainsi le pouvoir ébranlé. N'est-ce donc rien que de tels effets, et M. Pitt eût-il agi sagement en attaquant la publicité des débats qui pouvaient les produire?

Et qu'ai-je besoin d'aller chercher des exemples hors de mon pays? Rendez grâces vous-mêmes à l'imparfaite publicité du procès des troubles de juin, et du jugement qui l'a terminé. Que fût-il advenu si un jugement de condamnation, seul publié, eût suivi des débats tenus secrets? Beaucoup de gens auraient eu peur, grand'peur; mais ceux que n'eût pas saisis la peur, qu'auraient-ils pensé?

qu'auraient-ils dit ? Je l'ignore : ce que je
sais bien, c'est que le pouvoir n'eût rien gagné aux sentimens qui auraient pu s'amas-
ser. Au lieu de ce redoutable résultat, la publicité de la procédure et le jugement ont
affaibli plus d'une crainte et donné lieu d'espérer que toutes les garanties n'étaient pas
perdues.

Espoir fondé en effet si les interprètes de
la justice, de quelque ordre qu'ils soient,
reconnaissent le danger de la situation où
on veut les placer, et repoussent les enva-
hissemens de la politique qui les presse. De
là dépend en grande partie notre destinée.
J'ai exposé les symptômes du mal. J'ai établi
leur constante relation avec les vices d'une
politique égarée, inhabile à remplir sa tâche
comme à user de sa force, et qui cherche du
secours dans la justice, au risque certain de
la corrompre en la touchant. Je n'ai garde de
prétendre indiquer au pouvoir judiciaire ses
devoirs, qui sont ses moyens de résistance.
A lui seul il appartient de les apprécier en
chaque occasion, et de s'en armer comme
d'un bouclier. Mais puisque j'ai essayé de
faire voir comment de prétendus complots

étaient amenés à tort devant les tribunaux, et s'y trahissaient par le système de l'accusation ou la marche de la procédure, qu'il me soit permis de rechercher quels sont les caractères légaux du complot véritable, quels élémens doivent constituer le fait pour qu'il tombe sous l'empire de la loi, à quelle limite enfin ce que la politique appelle une conspiration devient ce que la justice a droit de qualifier de complot.

CHAPITRE VIII.

Du complot dans le sens légal.

Le code pénal porte (art. 89) : « Il y a
» *complot* dès que la *résolution d'agir* est
» *concertée et arrêtée* entre deux conspira-
» teurs ou un plus grand nombre, quoiqu'il
» n'y ait pas eu d'attentat. »

Je ne discuterai point d'abord les termes
de cette définition pour en fixer d'avance le
sens rigoureux qui est le seul légal. Essayé
isolément et en lui-même, ce travail serait
vague et peu concluant. J'aime mieux y arriver par l'examen des faits.

J'espère découvrir, d'une façon pour ainsi
dire historique, la limite à laquelle l'acte ou
la série d'actes dont la politique redoute une
conspiration, devient effectivement le complot que la loi définit.

J'ai déjà indiqué dans quelle progression
se succèdent les dispositions publiques et
dangereuses d'où le complot peut sortir,

et où la politique est souvent disposée à le voir avant qu'il en soit sorti. J'ai désigné les indifférens, les mécontens, les interprètes habituels des mécontens, les ennemis.

Comment procèdent ces dispositions ? quels sont leurs effets et leurs caractères extérieurs dans les divers degrés de leur développement ?

La politique s'inquiète trop peu de l'indifférence. Je ne connais pas de disposition plus significative et plus alarmante. Le mécontentement, l'hostilité sont de tous les pays et de tous les temps. Quelle époque n'en a offert aucune trace ? quel gouvernement n'a eu à les redouter quelque part ? Leur présence n'atteste point, d'une manière générale, la mauvaise conduite du pouvoir, le mauvais état de la société. Mais l'indifférence est un symptôme beaucoup plus grave ; quand elle existe, elle est nécessairement une disposition commune et étendue ; car, n'ayant rien d'actif, c'est seulement par un certain degré de généralité qu'elle peut se manifester. Elle prouve alors que la société et le pouvoir ne vivent point ensemble ; que le même sang ne circule pas dans leurs vei-

nes; que le même principe, le même intérêt ne les poussent point dans une même
route où ils se rencontrent à chaque pas, se
reconnaissent et s'unissent en chaque occasion.

Quoi de plus fatal au pouvoir que l'isole-
ment où le laisse une telle disposition d'une
grande partie du public ? La conscience du
péril le gagne bientôt à son insu; mais il ne
le rapporte point à sa vraie cause. Il se sent
faible quoique armé de toutes pièces; il s'en
étonne et se croit entouré d'ennemis, parce
qu'il est seul.

De leur côté les indifférens ne s'associent
point aux inquiétudes du pouvoir; ils assis-
tent à sa destinée, soigneux seulement de
se tenir en dehors. S'il s'agite, ils s'écartent
de lui; s'il a peur, ils ne font rien pour le
rassurer; si quelque bruit vague d'un danger
plus réel se répand, ils évitent de s'en infor-
mer, d'en approfondir la gravité, d'en prévoir de loin les effets. Que faudrait-il faire ?
instruire l'autorité, lui prêter secours, s'en-
gager ainsi dans sa cause ? C'est précisément
ce dont ils se soucient peu. Que l'autorité recherche elle-même, qu'elle sache, qu'elle se

défende ; c'est son affaire ; rien ne les porte à y voir la leur, et ils ne veulent pas être compromis.

Cependant ils peuvent être atteints. Le pouvoir inquiet peut prendre des mesures incommodes même à ceux qu'elles ne touchent point. Que de citoyens qui n'auront jamais rien à démêler avec les lois d'exception, et à qui néanmoins elles déplaisent ! L'indifférence demande au moins le repos ; une agitation à laquelle elle ne s'intéresse pas la gêne et lui pèse. Elle est fatiguée des anxiétés et des précautions continuelles de ce pouvoir dont elle cherche à se séparer. Elle arrive bientôt à se résigner sans effort aux dangers qui le menacent, aux coups qu'on pourra lui porter. Peut-être sera-t-elle ainsi délivrée de ce trouble importun que lui causent les débats de cette destinée étrangère.

Je n'examine pas ce qu'il y a d'erreur ou de tort dans une telle disposition, ni jusqu'à quel point les citoyens, toujours inévitablement enveloppés dans le sort de leur pays, se trompent et se nuisent à eux-mêmes en s'isolant de la sphère où il se décide.

Je ne veux que décrire les symptômes de l'indifférence, et ses effets dans les relations de la société avec le pouvoir.

Il n'y a là certainement ni rébellion ni complot. Cependant on aperçoit déjà comment, dans des temps orageux, le gouvernement pourra s'y tromper et voir, dans l'indifférence seule, sinon de la complicité, du moins une malveillance coupable. Le pouvoir qui ne se sent pas sûr est dans un état d'érétisme presque continuel ; la moindre atteinte, le moindre péril excitent toutes ses passions avec toutes ses craintes, et il s'indigne aisément contre ceux qui ne se montrent ni craintifs, ni passionnés comme lui. C'est là le principe le plus fécond de l'injustice et de la tyrannie : notre révolution en est la preuve. Des hommes pour qui tout était en question, même la vie, ne pouvaient souffrir que tout ne fût pas en question pour le public comme pour eux. Ils étaient possédés du besoin d'attirer les autres dans cette atmosphère brûlante, toujours près de les consumer eux-mêmes. De là ces absurdes mots d'*indifférentisme*, de *modérantisme* dont ils ne tardèrent pas à faire des crimes.

Quand le pouvoir en est là, l'indifférence devient à ses yeux de la trahison.

Que pensera-t-il du mécontentement ? que verra-t-il dans les symptômes qui le révèlent ? ils ont quelque chose de plus actif et de plus direct. Des mécontens ne se bornent pas à regarder froidement passer le pouvoir ; ils épient dans ses actes et dans les événemens, tout ce qui peut nourrir leur humeur ou leurs craintes. Il y a pour eux une intention dans chaque parole, un piége dans chaque mouvement. Ils ne forment point de desseins, ils n'ont pas même des désirs complets et arrêtés. Si l'avenir s'ouvrait devant leur vue, et leur dévoilait toutes les chances, tous les maux qui peuvent accompagner la chute de ce pouvoir qu'ils redoutent, la plupart d'entre eux reculeraient avec effroi ; mais dans l'imprévoyance de notre nature, loin d'y travailler, ils n'y songent même pas, ils ne portent pas si loin leur pensée ; ils accueillent chaque jour les insinuations, les bruits qui répondent à leur penchant ; ils les propagent ensuite, ne fût-ce que pour justifier aux yeux des autres le mécontentement qui est en eux. Ils arrivent bientôt à former dans l'état comme une classe distincte dont les membres, même sans se communiquer, reçoivent les mêmes impressions, parlent le même langage, agissent dans le même sens, et offrent ainsi les apparences de l'intelligence et du concert.

L'indifférence isole les citoyens du pouvoir ; le mécontentement vient après, et groupe entre eux, qu'ils le sachent ou non, ceux qui en sont saisis.

Tout groupe d'hommes a besoin de chefs; tout intérêt plus ou moins général veut des interprètes. Le mécontentement en trouve. J'ai déjà dit quelles étaient, par la seule force des choses, la conduite, l'attitude, la langue habituelle des hommes en qui s'opère cette personnification de certaines idées, de certains sentimens. Ce sont des avocats qui plaident toujours la même cause, et une cause qui se reproduit toujours. En conclura-t-on qu'ils conspirent contre le pouvoir auprès duquel il font toujours valoir les mêmes intérêts et portent toujours les mêmes plaintes ? Mais devant les tribunaux, le ministère public plaide toujours contre les accusés; s'ensuit-il qu'il conspire contre la justice? Il y a des juges pour démêler et décider qui a droit: de même il y a un gouvernement pour reconnaître si le mécontentement a des causes légitimes ou seulement naturelles, et pour y porter remède. Le pouvoir a autre chose à faire qu'à se défendre de l'opposition; il est institué à charge de se juger lui-même, et de se réformer, si l'opposition a raison contre lui. C'est à lui à savoir ce qui fait des mécontens, ce qui les échauffe et les accrédite; c'est à lui à empêcher que l'indifférence ne se propage, que le mécontentement ne succède à l'indifférence, et l'inimitié au mécontentement.

Mais quand il s'est trompé sur les causes de ces dispositions, il se trompe aussi sur leurs caractères; il leur attribue une portée qu'elles n'ont point. Dans l'indifférence il a vu une malveillance positive; il verra dans le mécontentement une inimitié déclarée. Cette similitude d'impressions qui existe chez les mécontens, cette rapidité avec laquelle ils s'unissent spontanément dans les mêmes alarmes, les mêmes démarches, les

mêmes discours, et l'espèce d'unite que
prennent leurs intérêts dans la bouche de
quelques hommes toujours chargés de les
défendre, tout induit le pouvoir à supposer
dans cet ensemble quelque dessein plus
déterminé et plus profond. Ce qui est le
résultat d'une disposition générale, devient
à ses yeux l'intention de volontés individuelles. Dans un effet il voit une cause; dans
une habitude commune il croit reconnaître
un complot.

Cependant le complot est fort loin encore.
Le mécontentement n'est pas la disposition
qui y touche de plus près. Il faut que le pouvoir se résigne à rencontrer au delà l'inimitié. Elle est inévitable après de longues
révolutions et les chutes successives de gouvernemens divers. Mais tandis que les dispositions précédentes ont toujours un certain caractère de généralité, celle-ci est
communément individuelle. Elle dérive
d'intérêts personnels rudement froissés et à
qui la chute du pouvoir offre seule de grandes espérances. De là ces existences doulou-
reuses qui ne peuvent trouver place dans
l'ordre établi, ces désirs inquiets qui ont

besoin du renversement, cette attente agitée qui se répand en propos hostiles, ac-
cueille tout ce qui la flatte, et semble croire
que tout sera fini, arrangé, satisfait, dès que,
par une voie quelconque, le but auquel elle
aspire pourra être atteint. On ne m'accusera
pas de rien affaiblir ; je ne veux point taire
les dangers du pouvoir, ni en dissimuler les
sources ou les symptômes. Cependant, qui
oserait dire que l'inimitié conduit nécessairement au complot, et qu'à tout ennemi il
ne faut que l'occasion pour devenir un conspirateur ? Les hommes, surtout de nos jours,
ne hasardent pas si aisément leur sûreté et
leur vie. Des temps ont été où la rudesse des
mœurs, l'âpreté des sentimens, la monoto-
nie de l'existence, les cruautés de la politique ne laissaient en quelque sorte qu'un
pas à faire de l'inimitié au complot, et pous-
saient les individus à le franchir. Maintenant
la vie est facile, les mœurs sont douces ; l'état
de la société offre aux hommes qui ont beaucoup perdu mille moyens de dédommage-
ment et d'oubli. Le pouvoir, même le plus
soupçonneux, ne les poursuit point avec
l'acharnement qu'il déployait jadis. Je sais

tel siècle où il était en effet très-difficile
d'être ennemi et de ne pas conspirer; maintenant cela se peut, cela se voit, et il n'est
personne qui, en y regardant de près, ne
puisse acquérir bientôt la conviction que tel
individu dont les désirs ne sont pas douteux,
dont l'inimitié est évidente, ne deviendra
jamais un conspirateur.

Il faut donc, pour qu'il y ait complot,
d'autres actes, d'autres indices que ceux qui
résultent naturellement des dispositions que
je viens de parcourir. Je les ai suivies dans
leur progression; je n'ai atténué ni les périls
qu'elles contiennent, ni les symptômes qui
les révèlent. On a vu les périls s'étendre et
les symptômes s'aggraver successivement.
Cependant le complot n'est point encore là.
En vain s'efforcerait-on de l'y saisir. On voit
seulement comment l'autorité peut s'y mé-
prendre et d'où provient son erreur.

« Il y a complot, dit la loi, dès que la résolution d'agir est concertée et arrêtée entre
deux conspirateurs ou un plus grand nombre, quoiqu'il n'y ait pas eu d'attentat. »

Certes la loi est sévère, car elle trouve le
complot avant qu'aucun acte extérieur ou

matériel, aucun commencement d'exécution, aucun *attentat* vienne le lui révéler.
Elle le saisit dans la pensée, dans la volonté
des conspirateurs. C'est un fait qu'elle dé-
couvre et incrimine avant qu'il ait revêtu
un corps, quand il n'a encore, pour ainsi
dire, qu'une réalité intellectuelle.

C'est, on en conviendra, prendre le complot à la moindre distance possible des mauvaises dispositions dont je viens de parler,
aussi près de l'inimitié que cela se peut concevoir.

Cependant la loi veut beaucoup plus que
l'inimitié; elle exige, pour qu'il y ait complot, d'autres indices, d'autres élémens. Ce
sont ces additions qu'il importe de constater, car elles sont la définition même du
crime; elles déterminent à quel moment le
pouvoir judiciaire peut s'emparer du fait.

1°. La loi veut qu'il y ait *résolution d'agir*.
La résolution suppose un but déterminé, et
ce but doit être l'un des crimes prévus dans
les sections 2 et 3 (chap. I, tit. I, liv. 3) du
code pénal. Il ne suffit point que *l'intention*
ait été *manifestée*, il faut que la *résolution*
ait été *prise*. Ainsi la preuve du premier de

ces deux faits ne prouve point le complot. Il n'existe que par la preuve du second.

2°. La résolution elle-même n'est point assez. La loi exige qu'elle ait été d'abord *concertée*, ensuite *arrêtée* entre les prévenus. Le *concert* entre plusieurs personnes, dans un but déterminé, suppose évidemment quelque chose de plus que la connaissance de ce but et un assentiment plus ou moins vague, plus ou moins léger, donné à la proposition. Un tel assentiment peut être un délit, un crime même ; à lui seul il ne constitue pas encore le complot. S'il s'agissait d'un acte de la vie civile, croirait-on qu'une proposition à laquelle plusieurs personnes auraient prêté l'oreille dût passer pour une *résolution concertée?* La loi criminelle n'est pas moins rigoureuse dans son langage ; et certes il n'est pas plus permis d'assouplir ou d'étendre les dispositions qui décident de la vie des hommes, que celles qui statuent sur leurs biens.

3°. Enfin, la *résolution d'agir*, même *concertée*, n'est pas encore le *complot;* il faut qu'elle ait été *arrêtée*, c'est-à-dire, que la volonté soit fixe, complète, le crime

consommé aux yeux de la morale, et qu'il
ne reste plus qu'à en entamer l'exécution.

Ainsi, *résolution d'agir* dans chaque
prévenu, *concert* entre eux, *détermination
définitive* de chacun dans la résolution dé-
battue et prise de concert, tels sont les trois
caractères auxquels la loi reconnaît le crime,
les trois élémens qu'elle ajoute à la mani-
festation de l'intention la plus malveillante,
les trois pas qu'elle lui impose au delà de
l'inimitié. Quand ces pas ont été faits, alors
seulement le complot est formé, alors seulement le fait entre dans la définition de la
loi.

Je ne cherche point à éluder le crime; je
ne souhaite point qu'il soit méconnu, ni qu'il
échappe à son juste châtiment. Je souhaite
seulement que le crime soit réel, le châtiment juste. Les lois sont faites pour être
appliquées, et appliquées seulement aux cas
pour lesquels elles sont faites.

C'est au pouvoir judiciaire qu'il appartient
de maintenir cette application de la loi dans
ses limites légitimes. C'est à lui qu'est confié
le soin de prévenir l'effet de cette fatale
méprise qui porte d'autres pouvoirs à les

méconnaître, et à poursuivre comme complot, des actes où se décèlent des dispositions, des intentions, dangereuses sans
doute, mais contre lesquelles des remèdes
d'une autre nature sont seuls efficaces et légaux. En veillant ainsi à la porte des lois,
le pouvoir judiciaire ne défend pas seulement les citoyens, il se défend lui-même ;
il protége son propre domaine, il repousse
cette invasion de la justice par la politique,
dans laquelle la justice a tout à perdre et
où la politique n'a rien à gagner. Une vieille
expérience l'a prouvé. Pourquoi faut-il que
la politique qui réclame si souvent l'autorité
de l'expérience, oublie si souvent elle-même
d'en tenir compte ?

CHAPITRE IX.

Que si la mauvaise politique corrompt la justice, la justice est une bonne politique.

« J'ai considéré, dit l'Ecclésiaste, les divers genres de travail, et les différens genres d'industrie, et j'ai vu que tout cela est vanité et tourment d'esprit..... J'ai vu que la sagesse a autant d'avantages sur la folie que la lumière sur les ténèbres..... et j'ai reconnu que tout ce discours devait finir par ceci : Crains Dieu et observe sa loi. »

Que la politique s'épargne le dédain et retienne son sourire ; je ne viens point lui interdire la science du bien et du mal, ni lui en reprocher l'usage. Il faut accepter, pour les gouvernemens comme pour les peuples, l'imperfection de la condition humaine et les nécessités qu'elle fait peser sur eux. Il y a de l'erreur comme de l'injustice à leur demander de répondre à tout par la raison, de suffire à tout par la vertu. Leur tâche est difficile ; que leur influence habituelle soit salutaire, que leur conduite générale tende au bien; nous n'avons pas droit d'espérer ni de prétendre davantage.

Mais serait-il donc défendu de reconnaître qu'il est des temps où la justice est une habileté savante et la morale une force utile ? Je n'exige point qu'on fasse violence aux faits, ni que l'intérêt du pouvoir soit compromis. Je désire seulement que l'inhabileté, la légèreté, la passion ne se croient pas dispensées de ce qui est juste, quand ce qui est juste est à la fois profitable.

Depuis trente ans l'injustice et la force ne se sont pas épargnées sur notre terre. Elles l'ont possédée à leur aise et exploitée à leur gré. Je ne sache pas que cela leur ait réussi, et nous savons ce qu'il nous en a coûté.

La situation du gouvernement du roi est singulière. Son rétablissement n'a été l'ouvrage d'aucun parti. La révolution s'en est alarmée. La contre-révolution n'en a pas été satisfaite. La restauration s'unissant à la charte, a entrepris de gouverner à la fois, selon la raison et l'équité, deux puissances qui n'avaient cessé de se faire la guerre.

Ce fait a des conséquences infinies et qui

embrassent toute la politique. Je ne les exposerai point. Mais il en est une qui se présente d'abord et les domine toutes. Le gouvernement du roi, par la position où il s'est trouvé placé, et qu'il a acceptée en donnant la charte, s'est imposé la justice en toutes choses et envers tous les citoyens.

Quand le pouvoir est l'enfant de la force, quand il s'élève et se soutient par la main d'un parti, il est l'instrument du parti qui le prend pour chef. Il épouse ses intérêts, ses passions, ses préjugés. Il se donne à une portion de la société et se charge de la servir.

Tels n'ont pas été les engagemens de la restauration. Personne ne l'a faite; elle ne s'est donnée à personne; elle a promis d'appartenir aux besoins généraux de la société, à ces intérêts naturels et légitimes qui sont le droit et la cause de tous.

Ainsi, ce que d'autres gouvernemens n'étaient pas à leur origine, ce qu'ils n'ont pu devenir que par le laps du temps et après de longues douleurs, la restauration a dû l'être, s'est engagée à l'être dès ses premiers jours.

Ceci n'est point de la morale. La force des

choses a voué, à cette situation, le gouvernement du roi : le fait s'est passé ainsi.

En oubliant ce fait, en épousant un parti, en se considérant comme le chef exclusif de certains intérêts, de certaines passions, notre gouvernement fait donc toute autre chose que ce qu'ont fait ailleurs des gouvernemens placés, dès l'abord, dans une position différente. Ceux-ci ont marché selon leur impulsion primitive. En les imitant chez nous, le pouvoir quitte son premier terrain, abandonne la route où sa destinée l'avait fait entrer, et se livre à une impulsion non-seulement nouvelle, mais contraire.

Je sais de quoi on va s'armer. On cherchera, dans ce que j'ai pu dire ailleurs, des idées, des paroles qu'on essaiera de mettre en contradiction avec ce que je dis aujourd'hui. On me reprochera d'avoir aussi parlé de partis irréconciliables, d'intérêts distincts et ennemis. On me demandera de quel droit je réclame la justice, après avoir proclamé la guerre.

Misérable subterfuge qui accuse l'intelligence ou la bonne foi de ceux qui tenteraient de s'en servir !

8

Oui, il y a eu, il y a encore en France, une véritable lutte d'intérêts distincts et opposés. Oui, la charte est intervenue dans cette lutte pour proclamer et consommer une victoire. Je n'ai rien à rétracter, je ne rétracte rien des conséquences que ce grand fait m'a paru contenir.

Mais que contient la charte elle-même? En consacrant le passé, a-t-elle proscrit quelqu'un dans l'avenir? En assurant la liberté du culte aux protestans, l'a-t-elle retirée aux catholiques? A-t-elle, comme cela s'est vu en Angleterre, interdit certains droits à certaines classes de citoyens, au moment où elle les confirmait pour d'autres? En garantissant les ventes de biens nationaux, a-t-elle prononcé des confiscations nouvelles? Elle a aboli toute confiscation. C'est le caractère et l'honneur de la charte qu'en accomplissant, d'une part, la victoire, elle fonde, de l'autre, l'égalité, c'est-à-dire, la justice, pour les vaincus comme pour les vainqueurs. Séparez-vous du passé; prenez la charte comme le point de départ d'une société nouvelle, qui aura à s'en plaindre? Qui viendra se dire maltraité, opprimé, exclu ? De même que la restauration n'a été l'œuvre de personne, de même la charte s'est offerte et s'offre sans cesse à tous. Elle n'est point la fille de la force, mais celle de la sagesse qui, démêlant tout ce que la révolution a eu de légitime et d'irrévocable, l'a reconnu et adopté comme le véritable intérêt de tous, comme le besoin général de la société.

Que si maintenant il est des intérêts qui ne veuillent pas accepter ce que la charte a déclaré juste et nécessaire, qui, après la défaite, ne se contentent pas de l'égalité, il faut bien que la charte se défende, et qu'elle se défende avec le secours des intérêts qui ne lui demandent que de maintenir son ouvrage, à qui l'égalité suffit, après la victoire. Mais alors encore c'est la justice, ce sont les besoins généraux de la société que la charte protége et défend ; elle est fidèle à sa parole ; elle acomplit sa mission.

Qu'on ne se prévale donc point des formes que prend la politique obligée de repousser les efforts de ceux qui ne veulent pas la justice ; qu'on n'y cherche point des prétextes pour dire que nous aussi, nous voulons le triomphe exclusif et le gouvernement d'un parti. L'arrêt de la charte sur le passé est non-seulement sage, il est juste : à tous ceux qui l'acceptent, elle garantit le même avenir. Et quand nous disons que la charte elle-même ne peut être garantie que par son alliance avec les forces qui acceptent également le passé qu'elle a clos, et l'avenir qu'elle promet, c'est la justice et toujours la justice que nous soutenons.

Ainsi, qu'il s'agisse d'intérêts généraux ou de droits individuels, des rapports du pouvoir avec les masses ou de ceux des individus avec le pouvoir, de politique à suivre ou de justice à rendre, nous professons les mêmes principes, nous parlons le même langage, c'est partout la justice que nous réclamons.

Le moyen le plus sûr de hâter ses progrès dans la politique générale, c'est de la pratiquer avec rigueur à l'égard des droits individuels et devant les tribunaux. Rien ne corrompt l'esprit des peuples comme une administration partiale de la justice criminelle. Rien n'échauffe les passions et les haines de parti comme le spectacle de l'ini-

quité dans les procédures et les jugemens.
Voulez-vous que les citoyens s'accoutument
à respecter réciproquement leurs intérêts et
leurs droits ? qu'ils aient sous les yeux un
exemple continuel de ce respect dans le
sanctuaire où tous les droits et tous les intérêts viennent chaque jour aboutir? Là tout
est réel, vivant, facile à saisir; là il ne
s'agit point de prononcer sur des questions
immenses, et d'après des considérations
plus ou moins vagues et compliquées. Que
tous les hommes de toutes les classes, de
toutes les opinions, arrivés là, n'y rencontrent que la loi et l'équité ; le public pren-
dra l'habitude de penser que toutes choses
doivent être réglées selon l'équité et la loi.
S'il est un lieu où les préventions politiques
n'aient aucun crédit, où l'esprit de parti ne
soit rien, l'esprit de parti et les préventions
politiques se discréditeront, s'affaibliront
aussi ailleurs. La société ne demande pas
mieux que d'avoir un refuge et une espérance ; elle n'affronte pas le chaos par plaisir et le naufrage de gaîté de cœur. Donnez
à la justice un point d'appui sûr, et elle marchera de là à la conquête de toutes choses,

du gouvernement comme de l'esprit public.

Il est temps, ce me semble, d'en essayer, car on a essayé de tout, excepté de ceci. La politique est pleine de craintes et se consume en efforts ; elle tremble peut-être de se voir bientôt au bout de sa science. Qu'elle en apprenne une autre ; qu'elle tente les voies de l'impartialité, de la vérité ; qu'elle laisse là les faits généraux, les agens provocateurs, les poursuites imprudentes, et tant de pénibles combinaisons qui ne la tirent d'embarras aujourd'hui que pour la compromettre demain. Ce n'est pas de la vertu que je lui demande, c'est un peu de prévoyance. Elle essuie des fatigues qu'elle pourrait s'épargner ; elle court des hasards dont elle peut s'affranchir. Elle rencontre des obstacles ; qui en doute ? Elle a des ennemis ; qu'elle les combatte. Mais en envahissant la justice, elle va chercher, sur un terrain où rien ne l'appelle, des obstacles nouveaux ; elle excite le mécontentement et les alarmes d'une foule d'hommes qui ne sont point ses ennemis. Grâces au ciel, il nous reste encore assez de publicité pour que de tels abus n'échappent point à notre vue; et non-seulement ils se font voir, mais ils révèlent d'autres abus, d'autres erreurs dont ils font plus vivement sentir la gravité. Un tel mal ne se manifeste point sans accuser le système qui le produit. Il n'est jamais isolé ; il ne peut jamais l'être, et il est maintenant aussi impossible d'en méconnaître le principe que d'en mesurer toutes les conséquences. Si le principe continue d'agir, le mal se perpétuera, et ses conséquences se développeront. Que la Providence en préserve la France et la monarchie !

FIN.

OEUVRES

COMPLÈTES

DE W. SHAKESPEARE,

TRADUITES DE L'ANGLAIS PAR LE TOURNEUR.

NOUVELLE ÉDITION,

ENTIÈREMENT REVUE ET CORRIGÉE PAR F. GUIZOT ET LE TRADUCTEUR
DE LORD BYRON, ET ORNÉE D'UN BEAU PORTRAIT;

PRÉCÉDÉE

D'UNE NOTICE BIOGRAPHIQUE ET LITTÉRAIRE SUR SHAKESPEARE,

PAR F. GUIZOT.

(Dix vol. in-8°., de près de cinq cents pages chacun.)

ON NE PAIE RIEN D'AVANCE.

Prospectus.

Le nom de Shakespeare commence à se naturaliser en
France, et bientôt, comme celui de Raphaël, il sera, pour
nous, non-seulement la gloire d'un peuple étranger, mais
l'honneur d'une école devenue européenne. La tendance

générale de notre siècle tourne les esprits vers cette littérature à laquelle on donne improprement le nom de *romantique*. Elle n'appartient point en effet aux seuls peuples dont les langues sont dérivées de la langue dite *romane* ou *romance* : son véritable caractère est d'être une littérature nationale, qui puise ses sujets et va chercher ses moyens d'intérêt dans les mœurs et les événemens de l'Europe moderne ; elle retrace, pour ainsi dire, à chaque peuple les souvenirs de son enfance, réveille en lui de vraies et puissantes émotions par la peinture de ses anciens jours de gloire ou de malheur, et lui fait trouver des charmes jusque dans le tableau des superstitions et des préjugés qui se sont mêlés à ses plus nobles sentimens, et ont pris place parmi les causes des grands événemens de son existence.

Le goût de ce genre de littérature a pénétré plus tard en France que dans quelques autres parties de l'Europe. Possesseurs d'une littérature moins originale, peut-être, mais pleine d'éclat et de gloire, nous la défendions avec un orgueil jaloux de tout ce qui semblait prétendre, sinon à usurper sa place, du moins à s'élever à côté d'elle. Cependant ce sentiment exclusif a dû céder à de nouvelles circonstances. Les monumens de notre littérature classique, sans cesser d'être admirés, visités, étudiés, ne suffisent plus au mouvement d'esprit d'un peuple qui ne veut pas déchoir de la gloire de ses pères, et qui, pour la soutenir par des travaux dignes d'eux, a besoin de chercher, dans des sources plus abondantes et plus variées, les matériaux d'une littérature capable de s'associer à ses nouvelles destinées.

C'est du pays où règne Shakespeare que nous est venue la direction à laquelle nous paraissons disposés à nous livrer. Les ouvrages de *lord Byron* et de *sir Walter Scott* ont répandu en France le goût de la littérature dite romantique ; mais c'est dans Shakespeare lui-même qu'il en faut chercher le caractère. Shakespeare n'est pas seulement le peintre de ces temps que, par une bizarre confusion de noms et de faits, on appelle indistinctement romantiques : c'est l'homme des temps qu'il a peints. Il nous retrace, non des souvenirs puisés dans des traditions, mais le temps lui-même qui se réfléchit tout entier dans sa poésie, dans ses admirables beautés, dans ses singuliers défauts, presque toujours mêlés de beautés rares, jamais dépourvus d'originalité. Sa rudesse n'est point une forme inventée à plaisir, et qu'il ait prêtée à quelques-uns de ses personnages : c'est l'enveloppe naturelle sous laquelle se produisaient alors certains sentimens, certains caractères. La recherche dans laquelle il tombe si souvent n'est autre chose que l'habitude des esprits de ce temps, aiguisés par les controverses théologiques. Sa simplicité est celle de la nature, de la vérité de tous les siècles et de tous les pays; mais, comme il a pénétré dans toutes les conditions, et remué toutes les situations sociales, la nature et la vérité se sont présentées à lui sous les formes qu'elles prenaient dans les temps voisins de celui où il a vécu : c'est la vie telle qu'elle se passait alors qu'il nous a représentée; et, sous ce rapport, Shakespeare est historique en même temps que poétique; sa lecture est une source d'instruction en même temps que de plaisir : mérite puissant pour le recommander à une génération studieuse et avide de connaître.

Le Tourneur avait, depuis long-temps, fait passer Shakespeare dans notre langue; mais sa traduction, faite dans des habitudes littéraires absolument différentes de celles de Shakespeare, semble s'être appliquée à le déguiser plutôt qu'à le reproduire; et par-là elle peut également avoir assez bien convenu au temps pour lequel elle a été faite, et se trouver insuffisante pour le nôtre. En la publiant de nouveau, nous avons cru nécessaire de lui rendre ce qui lui manque, c'est-à-dire, le caractère propre et original de Shakespeare, défiguré trop souvent par les formes du style, quelquefois même par des infidélités ou des omissions. Nous n'avons pas cru pouvoir mieux confier une partie du travail qu'au traducteur de lord Byron. M. Guizot a bien voulu se charger de revoir les pièces les plus importantes, et d'y joindre des notices historiques et critiques. Il placera également en tête de la nouvelle édition une notice biographique et littéraire sur Shakespeare, les traits caractéristiques de son génie, et quelques considérations générales sur l'école dramatique dont il est le chef.

Quelques morceaux que Le Tourneur n'avait pas jugé à propos de traduire, seront rétablis dans la nouvelle édition. Aucune des pièces qui se trouvent dans les éditions anglaises les plus complètes et les plus soignées, bien qu'il ne soit pas toujours certain que Shakespeare en est l'auteur, ne sera omise dans celle-ci.

Sous le rapport typographique, nous pourrons aussi faire facilement oublier l'édition publiée par Le Tourneur : des caractères entièrement neufs (1), un papier conforme à celui de notre Prospectus, et un beau portrait de Shakespeare en tête du premier volume, rendront l'ouvrage digne de figurer dans les bibliothéques.

La première livraison, formant le second volume, qui contiendra *la Tempéte*, *Macbeth*, *Jules César* et *Coriolan*, sera mise en vente avant le 1er. février prochain, et sera suivie, de mois en mois, d'une livraison nouvelle.

(1) Voyez ci-contre le modèle de l'Édition.

CONDITIONS DE LA SOUSCRIPTION.

Pour être Souscripteur, il suffit de se faire inscrire chez l'Éditeur, ou de lui envoyer la déclaration de souscription jointe à ce Prospectus (elle se trouve à la deuxième page du catalogue).

Le prix de chaque volume sera de *six francs*, papier ordinaire, et *dix-huit francs*, grand papier vélin satiné; mais les personnes qui souscriront avant la mise en vente du premier volume ne paieront que cinq francs le papier ordinaire, et quinze francs le grand papier vélin satiné : cette clause est de rigueur, et sera irrévocable.

Nota. Les personnes qui voudront leur exemplaire papier ordinaire satiné, paieront 50 centimes de plus par volume.

La Souscription ne sera fermée pour les départemens qu'au premier mars prochain.

On souscrit à Paris,

Chez LADVOCAT, Éditeur, galerie de bois du Palais-Royal, N°. 195.

IMPRIMERIE DE FAIN.

ANTONIO.

Bosseman, où est le maître?

LE BOSSEMAN.

Ne l'entendez-vous pas? Vous ruinez notre manœu-
vre. Tenez-vous dans vos cabanes; vous aidez la tour-
mente.

GONZALE.

Allons, mon ami, un peu de patience.

LE BOSSEMAN.

Quand la mer en aura. Hors d'ici! — Cette mer qui
rugit autour de nous se soucie bien du nom de roi! A
vos cabanes. Silence, laissez-nous tranquilles.

GONZALE.

Soit; cependant n'oublie pas qui tu portes sur ton
bord.

LE BOSSEMAN.

Personne que j'aime plus que moi. Vous êtes un con-
seiller; si vous pouvez imposer silence à ces élémens,
et rétablir le calme tout à l'heure, nous ne remuerons
plus un seul cordage : c'est à vous à user de votre autorité. Si vous ne le pouvez, rendez grâces d'avoir vécu
si long-temps, et allez dans votre cabane vous tenir
préparé aux mauvaises chances du moment, si elles doivent arriver. — Courage, mes bons amis! — Hors de
mon chemin, vous dis-je.

GONZALE.

Ce drôle me rassure singulièrement. Il n'a rien d'un
homme destiné à se noyer, tant son air est celui d'un
gibier de potence. Bon destin, tiens ferme pour la potence, et que la corde qui lui est réservée nous serve

de câble, car le nôtre ne nous est pas bon à grand'-chose. S'il n'est pas né pour être pendu, notre sort est à plaindre.

(Il sort.)

LE BOSSEMAN *rentre.*

Amenez le mât de hune. Ferme, plus bas, plus bas. Mettez à la cape sous la grande voile risée. (*Un cri se fait entendre dans le corps du vaisseau.*) Maudits soient leurs hurlemens! (*Sébastien, Antonio et Gonzale entrent.*) Ils font plus de bruit que la tempête qui nous travaille. — Encore! Que faites-vous ici? Faut-il tout laisser là, et nous perdre? Avez-vous envie de oouler bas?

SÉBASTIEN.

La peste soit de tes poumons, braillard, blasphémateur, maraud sans pitié!

LE BOSSEMAN.

Manœuvrez donc vous-mêmes.

ANTONIO.

Puisses-tu être pendu, mauvais chien! Puisses-tu être pendu, insolent, bélître de criard! Nous avons moins peur d'être noyés que toi.

GONZALE.

Je garantis qu'il ne sera pas noyé, le vaisseau fût-il aussi mince qu'une coquille de noix....

LE BOSSEMAN.

Serrez le vent, serrez le vent. Prenons deux basses voiles, et élevons-nous en mer. Au large.

(Entrent des matelots mouillés.)

DE LA LIBRAIRIE DE LADVOCAT, PALAIS-ROYAL.

OEUVRES COMPLÈTES DE LORD BYRON, traduites de l'anglais par A.-E. de Chastopalli ; seconde édition, revue, corrigée et augmentée de plusieurs poëmes. 3 vol. in-8. Prix, 18 fr., et 24 fr. par la poste.

Cette édition, qui est imprimée sur beau papier, est divisée ainsi qu'il suit : Le tome premier est orné du portrait du noble lord, très-ressemblant, et précédé d'une notice biographique beaucoup plus détaillée que celle de l'édition in-12; il est composé du Corsaire, Lara, Parisina, Adieu, Oscar, d'Alva, Mazeppa. Le tome second, Childe-Harold (les quatre chants et les notes). Le tome troisième, Manfred, la Vierge d'Abydos, le Prisonnier de Chillon, Don Juan, les Satires, Beppo, Lamentations du Tasse, Odes a Napoléon, à la Légion-d'Honneur, et poésies diverses.

Le succès brillant de la première édition, qui avait été faite sans luxe typographique, fait présager que cette nouvelle édition sera accueillie avec empressement par les amateurs des Poésies romantiques ; tous les journaux sont d'accord sur le mérite des ouvrages de lord Byron.

ROMANS POÉTIQUES DE WALTER SCOTT, 8 vol. in-12; divisés en quatre livraisons qui paraîtront de mois en mois. La première livraison, composée de ROKEBY et HAROLD, et la 2e. de MARMION, sont en vente.

Le succès que vient d'obtenir la traduction complète des OEUVRES DE LORD BYRON, m'a engagé de charger de cette traduction le littérateur distingué qui nous a fait connaître les œuvres de ce poëte original.

Le prix de chaque livraison pour les souscripteurs sera de 5 fr., et 6 fr. pour les non-souscripteurs.

Une souscription est aussi ouverte chez le même libraire pour les romans historiques de WALTER SCOTT. La première livraison, composée des PURITAINS D'ÉCOSSE et du NAIN MYSTÉRIEUX; la seconde, de ROBBROY ; la troisième, de WAVERLEY, et la quatrième, de LABBÉ, sont aussi en vente.

Prix de la livraison : 10 fr. pour les souscripteurs.

PROVERBES DRAMATIQUES, par M. Gosse, auteur de la comédie Le Médisant.

Ces proverbes, au nombre de vingt, forment 2 vol. in-8º. de 4 à 500 pages chacun.

Prix : papier ordinaire, 12 fr., franc de port 15 fr.; papier satiné, 14, et papier vélin, 24.

EMPLOI DE MA DEMI-SOLDE, ou Budget d'un sous-lieutenant en expectative, par un officier du troisième bataillon de la légion du G.....

Ce petit poëme, qui est rempli d'une foule de détails piquans et spirituels, est à la deuxième édition. Prix, 1 fr., et 1 fr. 25 c. par la poste.

DE L'ESPRIT PUBLIC ou DE LA TOUTE-PUISSANCE DE L'OPINION, par M. le baron Guérard de Rouilly, 1 vol. in-8. Prix : 5 fr.

Cet ouvrage, remarquable à la fois par la profondeur des pensées, la justesse des aperçus et l'élégance du style, a réuni les suffrages des publicistes, et ceux des littérateurs au milieu des circonstances qui le virent paraître. Ce n'était pas un faible mérite que celui de savoir concilier les formes d'une sage modération avec les principes d'une noble indépendance ; et c'est ce témoignage que se sont accordés à rendre à l'auteur tous les journaux de la capitale, dans le compte sommaire qu'ils ont publié de cette production. Voyez l'Indépendant du 1er, avril 1820, le Constitutionnel du 2 du même mois, le Courrier français du 27, etc., etc.

LES FEMMES, leur condition et leur influence dans l'ordre social chez différens peuples anciens et modernes, par le vicomte J.-A. de Ségur, avec cette épigraphe : Les hommes font les lois, les femmes font les mœurs. 3 vol. in-12. fig. 9 fr. Par la poste, 12 fr.

Un littérateur célèbre a dit : « M. de Ségur, homme du monde et poëte aimable, qui avait passé toute sa vie dans le cercle des femmes les plus célèbres de son temps, fit, pour leur rendre hommage, une compilation d'un nouveau genre, car il y mit de l'esprit, du goût et de la grâce; elle est intitulée : Les femmes. Des aperçus fins et une connaissance parfaite de son sujet lui méritèrent l'approbation de tous les hommes de goût. »

HISTOIRE DE LA CHUTE DE L'EMPIRE DE NAPOLÉON, ornée de huit plans ou cartes, pour servir de récit aux principales batailles livrées en 1813 et 1814. Par Eugène Labaume, chef de bataillon au corps royal d'état-major, avec cette épigraphe : Sine irâ et studio.

Prix : 12 fr. et 15 fr. franc de port.

Cette histoire, en deux volumes in-8, formant plus de 900 pages, présente l'ensemble de tous les événemens politiques et militaires, survenus depuis la retraite de Moscou jusqu'à la publication de la charte donnée par S. M. Louis XVIII. Elle est divisée en douze livres qui portent les titres suivans : La Prusse. — Lutzen. — Wurschen. — L'armistice. — Dresde. — Leipsick. — Le Rhin. — L'invasion. — Brienne et Champ-Aubert. — Troyes et Bordeaux. — Paris. — La paix et la Charte.

LES TROIS MESSÉNIENNES, ou Elégies sur les malheurs de la France, par M. Casimir Delavigne.

1re. Messénienne. Sur la bataille de Waterloo.

2e. Messénienne. Sur la dévastation des monumens français, et l'enlèvement des tableaux du Musée.

3e. Messénienne. Sur le besoin de s'unir après le départ des alliés.

Ces élégies, dont le succès augmente chaque jour, et dont tous les journaux ont parlé avec beaucoup d'éloges, se vendent 2 fr., 2 f. 50 c. par la poste. 4e. édition, augmentée de deux Elégies sur la vie et la mort de Jeanne d'Arc, et d'une Epître à MM. de l'Académie française.

CLOVIS, tragédie en cinq actes, par M. Viennet. Prix : 3 fr., et 3 fr. 5o c. par la poste.

LE FOLLICULAIRE, comédie en cinq actes et en vers, deuxième édition, par M. Delaville de Mirmont. Prix : 2 fr. 5o c., et 3 fr. par la poste.

MARIE STUART, tragédie en cinq actes, par M. Lebrun; deuxième édition. Prix : 3 f., et 3 fr. 5o c. par la poste.

LES VÊPRES SICILIENNES, tragédie en cinq actes, par M. Casimir Delavigne; troisième édition. Prix : 2 fr. 5o c. et 3 fr. par la poste.

LES COMÉDIENS, comédie en cinq actes et en vers, par le même auteur; troisième édition, Prix : 2 fr. 5o c., et 3 fr. par la poste.

JEANNE D'ARC, tragédie en cinq actes et en vers; par M. Davrigny; troisième édition. Prix : 3 fr., et 3 fr. 5o c. par la poste.

DÉMÉTRIUS, tragédie en cinq actes, par M. Delrieu, auteur d'Artaxerce, deuxième édition. Prix : 3 fr., et 3 fr. 5o c. par la poste.

ALEXANDRE CHEZ APELLE, comédie en un acte et en vers, par M. Delaville de Mirmont, auteur du *Folliculaire*. Prix : 1 fr. 5o c., et 1 fr. 75 c. par la poste.

LE MARQUIS DE POMENARS, comédie en un acte et en prose, de madame Sophie Gay, deuxième édition. Prix : 1 fr. 5o c., et par la poste, 1 fr. 75.

L'HOMME POLI, comédie en cinq actes et en vers, par M. Merville, auteur de la *Famille Glinet*. Prix : 2 fr. 5o c., et 3 fr. par la poste

LE FLATTEUR, comédie en cinq actes et en vers, par M. Gosse, auteur du *Médisant* et des *Proverbes dramatiques*. Prix : 2 fr. 5o c., et 3 fr. par la poste.

L'ARTISTE AMBITIEUX, comédie en cinq actes et en vers, par M. Théaulon. Prix : 2 fr 5o c., et 3 fr. par la poste.

CONRADIN ET FRÉDÉRIC, tragédie en cinq actes, par M. Liadières. Prix : 2 fr. 5o c., et 3 fr. par la poste.

L'AMOUR ET LE PROCÈS, comédie en un acte et en vers, par M. Nanteuil. Prix : 1 fr. 5o c., et 1 fr. 75 c. par la poste.

Cette petite comédie se recommande par la facilité et l'élégance du style; elle est très-facile à jouer, on n'y compte que quatre personnages.

OUVRAGES NOUVEAUX.

ÉPITRES DE M. VIENNET. Un vol. in-8. Prix : 4 fr., et 5 fr. par la poste.

Ce volume se compose de dix-sept Épîtres remarquables par le mérite du style et les nobles sentimens qui y sont exprimés.

VIE DE MARIE STUART, reine de France et d'Écosse, par F. GENTZ· un vol. in-12, traduit de l'allemand par DAMAZE DE RAYMOND; 2e. édition revue et corrigée, ornée de cinq jolies gravures. Prix : 4 f et 4 f. 5o c. par la poste.

Cet ouvrage se recommande par l'intérêt historique qui y règne. Les matériaux ont été puisés dans les mémoires des auteurs, tous contemporains de MARIE STUART.

RÉFLEXIONS SUR L'ART DE LA COMÉDIE, par M. Alexandre DUVAL, membre de l'institut (Académie française). In-8o. Prix : 1 franc, et 1 fr 25 c. par la poste.

CONSTITUTION POLITIQUE de la Monarchie espagnole, traduite en français par NUNEZ DE TABOADA; 4e. édition augmentée de la liste générale des cortès, et de tous les actes du gouvernement jusqu'au 20 mars 1820. Brochure in-8. Prix : 1 fr. 25, et 1 fr. 5o c. par la poste.

SOUSCRIPTION
AUX ŒUVRES DE SHAKESPEARE.

Je, soussigné, déclare souscrire aux ŒUVRES COMPLÈTES DE SHAKESPEARE, dont M. Ladvocat est éditeur, et m'engage de retirer et payer comptant chaque Livraison au fur et à mesure qu'elle paraîtra.

Ce   182

www.ingramcontent.com/pod-product-compliance
Lightning Source LLC
Chambersburg PA
CBHW072312210326
41519CB00057B/4760